Relatos del Cáucaso

Fascinantes mitos y leyendas de Circasia, Armenia y Georgia

© Copyright 2021

Todos los derechos reservados. Ninguna parte de este libro puede ser reproducida de ninguna forma sin el permiso escrito del autor. Los revisores pueden citar breves pasajes en las reseñas.

Descargo de responsabilidad: Ninguna parte de esta publicación puede ser reproducida o transmitida de ninguna forma o por ningún medio, mecánico o electrónico, incluyendo fotocopias o grabaciones, o por ningún sistema de almacenamiento y recuperación de información, o transmitida por correo electrónico sin permiso escrito del editor.

Si bien se ha hecho todo lo posible por verificar la información proporcionada en esta publicación, ni el autor ni el editor asumen responsabilidad alguna por los errores, omisiones o interpretaciones contrarias al tema aquí tratado.

Este libro es solo para fines de entretenimiento. Las opiniones expresadas son únicamente las del autor y no deben tomarse como instrucciones u órdenes de expertos. El lector es responsable de sus propias acciones.

La adhesión a todas las leyes y regulaciones aplicables, incluyendo las leyes internacionales, federales, estatales y locales que rigen la concesión de licencias profesionales, las prácticas comerciales, la publicidad y todos los demás aspectos de la realización de negocios en los EE. UU., Canadá, Reino Unido o cualquier otra jurisdicción es responsabilidad exclusiva del comprador o del lector.

Ni el autor ni el editor asumen responsabilidad alguna en nombre del comprador o lector de estos materiales. Cualquier desaire percibido de cualquier individuo u organización es puramente involuntario.

Índice

INTRODUCCIÓN 1
PARTE I: MITOS Y CUENTOS POPULARES 5
PARTE II: EPOPEYAS NACIONALES..24
VEA MÁS LIBROS ESCRITOS POR MATT CLAYTON 91
BIBLIOGRAFÍA..92

Introducción

Las montañas del Cáucaso recorren el istmo entre el mar Caspio y el mar Negro. La región se encuentra en los límites entre Europa Oriental, Asia Central y Medio Oriente y es el hogar de múltiples culturas con ricas historias y tradiciones. Estas culturas han producido mitos y leyendas singulares. Algunas han incorporado elementos de las tradiciones de otras naciones que han invadido y ocupado esta región geográficamente estratégica. Aunque el Cáucaso alberga muchos grupos culturales distintos pero relacionados, en la actualidad está compuesto por las naciones de Georgia, Azerbaiyán y Armenia, y su parte más septentrional forma parte de la Federación Rusa. Otros pueblos caucásicos incluyen a los osetios, circasianos, abjasios y chechenos.

En esta región se hablan varios idiomas, relacionados con tres familias lingüísticas diferentes. El georgiano es un idioma kartveliano que se habla exclusivamente en el Cáucaso. Las lenguas kartvelianas no están relacionadas con ninguna otra familia lingüística. El azerí es una lengua turca que se habla en Azerbaiyán, mientras que el armenio es una rama independiente de la familia de lenguas indoeuropeas que incluye las lenguas eslavas, celta, indoiranias y las lenguas romances.

La mitología de la región del Cáucaso es una combinación de tradiciones paganas nativas e influencias de culturas externas, entre ellas la antigua Grecia y Persia. La llegada del cristianismo y el islam también afectó las tradiciones narrativas, al igual que la cultura caballeresca medieval y el romance medieval. ("Romance" en este contexto se refiere a una epopeya lírica centrada en las hazañas de los caballeros y el amor romántico). Desafortunadamente, gran parte de la mitología y la literatura caucásicas se han perdido debido a las incursiones de invasores externos: Rusia participó en una campaña de genocidio en Circasia a fines del siglo XIX, y Turquía hizo lo mismo contra los armenios a principios del XX. Una vez que la región fue absorbida por la Unión Soviética, se eliminó una cantidad considerable de cultura nativa como parte de esa asimilación.

La parte más antigua de mitos del Cáucaso está compuesta por las sagas Nart. Los narts son una raza de personas con muchos atributos divinos y semidivinos. Las sagas de Nart cuentan las historias de los antiguos dioses caucásicos, y aunque las historias se modificaron en respuesta a las interacciones con otras culturas, aún se pueden ver las tradiciones originales que inspiraron estos mitos. Las sagas de Nart provienen de la parte norte del Cáucaso, pero no son un corpus unificado de mitos. Si bien las historias comparten una cierta cantidad de héroes, dioses y tramas, cada cultura tiene sus propios nombres para los personajes y versiones de los cuentos, algunos de los cuales son exclusivos de una tradición en particular.

La primera parte de este libro contiene mitos y leyendas. Dos de las historias de este volumen están tomadas del corpus de Nart circasiano: "La espada de Sosruko" y "Tlepsh y la Mujer Árbol". Sosruko es un semidiós y héroe caucásico, conocido como Soslan en algunas otras tradiciones. Aquí tendrá acceso la historia de algunas de las hazañas de la infancia de Sosruko. Tlepsh es una antigua deidad herrera caucásica asociada con el metal y el trabajo en metal, mientras que la Mujer Árbol parece ser la encarnación del árbol del mundo que mantiene unida a toda la creación.

La influencia de la mitología persa se puede ver en el cuento armenio de Salman y Rostom. El héroe Rostom parecería ser una versión del persa Rostam, aunque esta historia no está relacionada con el persa Shahnameh ("Épica de los Reyes") en el que se encuentran las leyendas de Rostam. Por el contrario, el primo del armenio Rostom, Vyjhan, parece estar relacionado con el personaje de Ohan en "David de Sasún", la epopeya nacional armenia. Al igual que Ohan, Vyjhan es conocido por su voz sobrenaturalmente fuerte.

"El pez de cabeza dorada" es un cuento armenio con audiencias fuera del Cáucaso. A principios del siglo XX, el folclorista Andrew Lang publicó una versión de este cuento en *Olive Fairy Book*.

La segunda parte de este libro presenta versiones de dos epopeyas nacionales del Cáucaso. La primera es una parte de la epopeya armenia, "David de Sasún". Como ocurre con la mayoría de los cuentos de héroes, el protagonista tiene muchas cualidades sobrehumanas, pero David también es muy humano. Comete errores y, a veces, no comprende realmente cómo funciona el mundo, pero está comprometido a proteger a los inocentes de quienes los perjudican y está decidido a hacer justicia, incluso si su idea de justicia va en contra de la tradición. Más allá de las típicas hazañas habituales de fuerza, batallas, armaduras y criaturas mágicas, "David de Sasún" también presenta gran cantidad de humor. Vemos esto especialmente en la relación de David con su vecino anciano, que le proporciona comentarios vitales como también comentarios crueles, y en la batalla final de David con la malvada Msrah Melik, quien pide repeticiones cada vez que sus golpes no logran matar a David.

Para terminar, hay una versión abreviada de la epopeya nacional georgiana medieval, "El caballero en la piel de tigre". Escrito por el poeta Shota Rustaveli, "El caballero en la piel de tigre" fue originalmente una epopeya lírica escrita en cuartetos, que forma parte de la tradición del romance medieval. Este cuento fue escrito después del surgimiento del cristianismo y el islam, por lo que no forma parte del corpus mitológico nativo como los cuentos sobre Sosruko y

Tlepsh. Sin embargo, es una historia apasionante, un cuento de hadas a gran escala, en el que los caballeros emprenden misiones y añoran a sus amantes cuando se separan, y en el que rescatan a una hermosa damisela de una torre. También puede ver un leve indicio de influencia persa en el personaje del caballero epónimo que, como Rostam, está vestido con la piel de un gran gato y utiliza un látigo.

Cada uno de estos cuentos tiene su ética y tema únicos y contiene una mezcla de mitos caucásicos nativos y conexiones con culturas y religiones externas. Todos muestran una faceta diferente de la cultura y creencias caucásicas sobre el heroísmo, la búsqueda del conocimiento, la lealtad y el amor.

Parte I: Mitos y cuentos populares

Espada de Sosruko (*Circasia*)

El nart Sosruko es uno de los héroes más importantes de la mitología caucásica. Como la mayoría de los héroes, su nacimiento fue inusual. En algunas versiones del cuento se dice que nació de una roca (su nombre significa literalmente "hijo de una roca") y luego fue llevado a la herrería de Tlepsh, el dios de los herreros. Sosruko contaba con una fuerza sobrehumana y un crecimiento sobrenatural. Era lo suficientemente grande como para montar a caballo cuando tenía un año.

Cuando Sosruko era todavía un niño, le gustaba visitar a Tlepsh en su fragua, y Tlepsh siempre se alegraba de verlo. Un día, Sosruko fue a la herrería de Tlepsh. Tlepsh estaba trabajando duro. "¡Saludos, Sosruko!" dijo Tlepsh. "Vaya, cómo has crecido. Pronto serás casi tan grande como yo y creo que tienes la edad suficiente para ayudarme en mi trabajo. ¿Puedes ayudarme a bombear el fuelle?".

Sosruko estaba orgulloso de que Tlepsh pidiera su ayuda. Se acercó al fuelle y levantó la manija. Cuando empujó la manija hacia abajo, el aire salió en una corriente tan feroz que sopló el fuego, las herramientas y todo lo demás que se interponía en su camino. Lo único que no se movió fue el yunque porque estaba enterrado profundamente en el suelo.

"Ya es suficiente, muchacho. Pero quiero ver cuán fuerte eres realmente. Ve si puedes levantar mi yunque", dijo Tlepsh.

Sosruko lo intentó, pero apenas pudo mover el yunque.

"Ah, veo que todavía tienes que crecer un poco más. ¡No tengas miedo! Serás lo suficientemente fuerte algún día", dijo Tlepsh.

Todos los días, Sosruko iba a la herrería e intentaba levantar el yunque mientras Tlepsh no miraba, y todos los días conseguía levantarlo un poco más. Finalmente, llegó el día en que pudo levantar el yunque por completo. Decidió que sorprendería a Tlepsh con esta nueva hazaña de fuerza. Fue a la herrería temprano por la mañana, tomó el yunque y lo puso frente a la puerta de la herrería.

Cuando Tlepsh llegó más tarde para comenzar su trabajo, dijo: "¿Qué es esto de aquí? ¿Quién movió mi yunque? ¿Quién, además de mí, es lo suficientemente fuerte para hacer eso?".

Tlepsh no recibió respuesta a su pregunta hasta el día siguiente, cuando tres jóvenes, todos ellos Narts, llegaron a la herrería. Uno de los jóvenes llevaba una guadaña. Sosruko también estaba en la herrería, observando el trabajo de Tlepsh.

"Saludos", dijo Tlepsh a los visitantes. "¿Qué los trae a mi herrería?".

"Queremos que nos ayude a resolver una discusión", dijo el hombre que llevaba la guadaña. "Esto de aquí es una guadaña mágica. Hace todo su trabajo por sí mismo. Cada uno de mis hermanos dice que la guadaña debería pertenecerles, pero yo digo que debería ser mía. No queremos que nuestra disputa llegue a los golpes, así que esperamos que nos ayude a resolver esto".

Estaré encantado de ayudarle. Qué quieres que haga.

"Derrite la hoja de la guadaña y usa el metal para convertirla en una espada".

"¿Cómo? Podría hacer eso, pero no creo que resuelva su disputa. En su lugar, comenzarían a pelear por la espada y alguien saldrá herido".

"¿Qué otra solución hay?" preguntó uno de los hermanos.

"¿Qué tal esto? Les haré a cada uno una espada fina y ustedes me darán la guadaña. Usaré la guadaña para hacer una espada para Sosruko".

"Eso no es lo que queremos", dijo el hombre que sostenía la guadaña. "Queremos que con esta cuchilla nos hagas una espada".

"Lo haré con una condición".

"Dilo", dijeron los hermanos.

"Haré la espada para quien pueda levantar mi yunque y colocarlo donde pertenece. Cada uno puede intentar tres veces".

Los jóvenes eran bastante fuertes y orgullosos. Cada uno de ellos pensó que serían ellos quien levantarían el yunque. El primer hermano agarró el yunque y tiró con todas sus fuerzas, pero el yunque no se movió. Lo intentó una segunda vez y una tercera sin éxito.

El segundo hermano tomó su turno y movió el yunque un poco, pero en sus siguientes dos intentos, no pudo levantarlo más que la primera vez.

El tercer hermano fue al yunque y dio un gran tirón. Pudo levantar el yunque casi hasta las rodillas, pero luego tuvo que dejarlo caer. Lo intentó una segunda y luego una tercera vez, pero no pudo levantar el yunque de la forma en que Tlepsh le había dicho que debía hacerlo, y ahora estaba en el suelo, donde el hombre lo había dejado caer, fuera de su lugar.

"Bueno, creo que eso es todo", dijo Tlepsh. "La guadaña es mía, y haré espadas finas para cada uno de ustedes. Vuelvan en tres días. Sus nuevas espadas estarán listas".

"Sí, es lo justo. Regresaremos en tres días. Gracias por ayudarnos", dijeron los hermanos.

En ese momento, Sosruko habló. "Tlepsh, ¿puedo intentar levantar tu yunque?".

Los tres hermanos miraron al joven y todos se echaron a reír.

"Debes estar soñando", dijo el tercer hermano. "Eres solo un niño pequeño. ¿Cómo vas a levantar algo que incluso los hombres adultos apenas pueden levantar del suelo?".

"Sí. ¿Por qué no vuelves a casa con tu mamá? Vuelve cuando seas hombre", dijo el segundo hermano.

Ni siquiera lo intentes. Seguramente te harás daño", dijo el primer hermano.

Sosruko escuchó la risa de los hombres y las groserías que le decían. Eso lo enfureció mucho. Se acercó al yunque y lo rodeó con sus brazos. Lo recogió, lo puso de nuevo en el agujero donde pertenecía y luego lo dejó caer hasta que el yunque estuvo completamente en la tierra y la parte superior estaba al nivel del piso.

Tlepsh, al principio, estaba asombrado, pero luego se rio. "¡Bien hecho, joven Sosruko! ¡Ahora creo que sé quién movió mi yunque ayer por la mañana!".

Los tres hermanos también se maravillaron de la hazaña de Sosruko. "¡Bien hecho, muchacho! ¡Te has ganado una espada mágica y, cuando seas mayor, podrás ser un campeón de los Narts!".

Tlepsh y la Mujer Árbol (*Circasia*)

En esta historia, el dios herrero Tlepsh emprende un viaje en busca de conocimiento. No encuentra lo que busca, sino que aprende otras lecciones importantes.

En su colección de sagas de Nart, el traductor John Colarosso señala la importancia cósmica de la Mujer Árbol y del niño que da a luz. El niño mismo es la Vía Láctea, que se encuentra en lo alto del cielo solo en ciertas épocas del año, mientras que la propia Mujer

Árbol es un árbol del mundo, un concepto mítico compartido con culturas como los antiguos nórdicos y los antiguos mayas. Colarosso observa además que los antiguos que crearon el mito sobre Tlepsh y la Mujer Árbol podrían haber pensado en la Vía Láctea como una especie de sol bebé y que las siete mujeres encargadas de cuidar al hijo de Tlepsh podrían representar a las Pléyades.

Un día, Tlepsh se sentó abatido en su herrería. Estaba pensando en crear algo nuevo, pero no tenía ideas.

"Sé cómo hacer hoces y guadañas, espadas y cuchillos, pero ¿qué más puede ser? Estoy cansado de hacer esas cosas, pero no sé qué más puedo hacer", dijo Tlepsh.

En ese momento, Lady Satanaya pasó caminando junto a la herrería. "Eso es. Le preguntaré a la dama. Ella es inteligente", pensó Tlepsh.

Tlepsh llamó a Lady Satanaya y la invitó a entrar a la herrería. "Mi Señora, tengo un problema, y como usted es muy sabia, tal vez pueda ayudarme a resolverlo".

"Puede ser", dijo la dama, que en realidad no quería estar allí. Estaba haciendo un recado y tenía prisa. "Dígame qué necesita".

"Quiero hacer algo nuevo en mi herrería, pero no tengo ideas. ¿Se le ocurre algo?".

"No estoy segura de por qué cree que puedo ayudarlo. Creo que ya hace demasiadas cosas. Las hoces, las guadañas, las espadas y los cuchillos son muy útiles, ¿sabe?".

"Sí, lo sé, pero estoy aburrido de hacer eso. ¿Qué debo hacer?".

"Bueno, tal vez debería ir de viaje. Vaya hacia nuevas tierras y conozca gente nueva. Quizás si ve lo que hacen en otros países, obtendrá algunas ideas".

"¡Oh!, es un gran plan, gracias. Pero nunca he viajado antes. No sé qué debo llevarme".

"No, no creo que deba preocuparse por eso. Todos lo conocen y estarán encantados de compartir lo que tienen con usted. Use un buen traje que no se rasgue ni se raye fácilmente y un par de zapatos resistentes. Realmente eso es todo lo que necesita hacer".

"Gracias, Mi Señora. Empezaré de inmediato".

Tlepsh se construyó un buen par de botas con el mejor acero. Se los puso y comenzó su viaje.

Tlepsh fue muy rápido. Podía llegar tan lejos en un día como un hombre normal podía llegar en un mes, y podía llegar tan lejos en un mes como un hombre normal podía llegar en un año. Tlepsh siguió y siguió, sobre montañas y ríos, hasta que finalmente llegó al mar. Todavía no había encontrado lo que estaba buscando, así que decidió ver si la gente del otro lado del agua podría ayudarlo. Se fue a un bosque cercano y arrancó algunos árboles con sus propias manos. Los ató para hacer una balsa y luego empujó la balsa hacia las olas.

Después de un tiempo, llegó a una nueva tierra que nunca había visto. Encalló la balsa y bajó a tierra. En el césped, justo encima de la playa, se encontraba un grupo de hermosas doncellas. Tlepsh nunca había visto jóvenes tan hermosas. Todas estaban perfectamente formadas, con un hermoso cabello suelto y hermosas voces que resonaban como campanas musicales. Tlepsh decidió que debía tener una de esas mujeres para él, así que cruzó la playa corriendo y trató de atrapar a una de las chicas, pero ella se le escapó de las manos, riendo. Tlepsh trató de atrapar a una chica tras otra, pero no importa qué tan rápido se moviera, siempre parecían poder escapar de él.

Finalmente, Tlepsh dejó de perseguir a las doncellas. "Por favor, ten piedad de mí y dime quién eres".

"Somos las doncellas que sirven a la Mujer Árbol. Tienes que pedirle permiso a la Dama antes de poder tener a una de nosotras. Te llevaremos a verla ahora", dijeron las jóvenes.

Las doncellas abrieron camino y Tlepsh las siguió. Pronto llegaron a un ser extraño.

"Esta es la Mujer Árbol. Puedes hablar con ella", dijeron las doncellas.

Tlepsh miró a la Mujer. Nunca había visto a nadie como ella. Parecía algo como un árbol y algo como una mujer, y además una mujer muy hermosa. Sus raíces se hundían profunda, profunda, profundamente en la tierra, y su cabello se extendía hasta los cielos. Tenía dos hermosos brazos de doncella y un rostro encantador.

Cuando la Mujer Árbol vio a Tlepsh, inmediatamente se enamoró de él. Ella lo invitó a su casa y le dio una buena comida. Luego, le mostró un lugar con una cama blanda. Tlepsh estaba muy cansado por su largo viaje, por lo que se durmió casi de inmediato.

En las primeras horas de la noche, Tlepsh se despertó y encontró a la Mujer Árbol de pie junto a su cama, mirándolo. Tlepsh la encontraba muy hermosa y la deseaba. Se puso de pie e intentó rodearla con sus brazos, pero la Mujer Árbol retrocedió.

"Para. No debes tocarme. No soy para un hombre mortal", dijo la Mujer.

"Pero no soy un hombre mortal. Soy un Dios".

Entonces la Mujer Árbol y Tlepsh hicieron el amor y fueron felices.

Por la mañana, Tlepsh había de marcharse.

"No te vayas. Por favor, quédate conmigo. ¡Te amo!" dijo ella.

"Debo irme. Estoy viajando para encontrar conocimiento para los Narts. Voy a viajar hasta el fin de la tierra porque ahí es donde se puede encontrar el conocimiento".

"No es necesario ir a ningún lado para obtener ese conocimiento. Tengo todo el conocimiento que deseas aquí mismo. Mis raíces bajan, bajan, bajan hasta el mismo centro de la tierra y siempre me traen secretos. Mi cabello sube, sube, sube hasta el cielo más alto, y puedo enseñarte todo lo que quieras saber sobre lo que hay en las alturas".

"Tal vez, pero lo que necesito es el conocimiento del fin de la tierra".

"Ahí es donde te equivocas. La tierra no tiene fin. No importa lo lejos que viajes, nunca encontrarás el fin. ¡Quédate aquí conmigo y obtén el conocimiento que buscas!".

La Dama suplicó y suplicó a Tlepsh, pero él no quiso escuchar. Se puso los zapatos de acero y emprendió su viaje, dejando a la Mujer Árbol llorando detrás de él.

Tlepsh viajó una y otra vez hasta que las suelas de sus zapatos estuvieron casi gastadas, pero aun así, no llegó jamás al fin de la tierra. Estaba cansado de sus viajes y, por lo tanto, volvió a la casa de la Mujer Árbol.

Cuando llegó, ella estaba allí para recibirlo.

"Entonces, ¿encontraste el fin de la tierra?" preguntó la Mujer.

"No", respondió Tlepsh.

"¿Aprendiste algo en tus viajes?".

"Sí, que la tierra no tiene fin".

"¿Aprendiste algo más?".

"Sí, que el cuerpo de un hombre puede ser duro como el acero".

"¿Qué más aprendiste?".

"Que el camino más largo y difícil es el que tienes que recorrer tú solo".

"Esas son buenas lecciones, pero ¿qué hay del conocimiento que querías traer a los Narts? ¿Encontraste eso?".

Tlepsh suspiró. "No, no encontré eso en ningún lado. Busqué y busqué, pero no lo encontré por ningún lado".

"Qué pena. Es una pena que no te quedaras cuando te lo pedí. Si te hubieras quedado, podría haberte enseñado todo lo que querías saber, todo lo que buscabas en tu viaje. Incluso podría haberte enseñado a vivir para siempre. Pero ahora es demasiado tarde y algún día morirás. Aun así, tengo un regalo para ti". La Mujer Árbol puso un diminuto sol infantil en los brazos de Tlepsh. "Este es el niño que me diste antes de irte. Cuídalo bien y míralo crecer. Cuando esté completamente desarrollado, te enseñará todas las cosas que quieres saber".

Tlepsh regresó a casa con su hijo pequeño. Mostró al niño a los Narts.

"Miren hacia el cielo nocturno. ¿Pueden ver la Vía Láctea? Dijo Tlepsh.

"Sí, la vemos", respondieron los Nart.

"Siempre que salgan en una redada, ténganla a la vista. Y nunca se perderán".

Los Nart prometieron prestar atención a las palabras de Tlepsh. Encontraron siete mujeres para cuidar al niño.

Un día, el niño salió a jugar y desapareció. Las mujeres notaron que había desaparecido. Buscaron por todas partes, pero no pudieron encontrarlo.

"¡El niño ha desaparecido! ¡Deben encontrarlo!", le dijeron a los Nart.

Los Nart ensillaron sus caballos y fueron a buscar al niño, pero no tuvieron suerte.

"Quizás el niño regresó a la casa de su madre. Eres el único que conoce el camino. Ve y busca al niño allí", le dijeron a Tlepsh.

Tlepsh fue a la casa de la Mujer Árbol, pero su hijo no estaba allí.

"¿Qué hacemos ahora?" preguntó Tlepsh.

"No hay nada que puedas hacer. Tendrás que esperar hasta que regrese por su propia cuenta. Y cuando vuelva, te sentirás afortunado. Pero si se queda lejos para siempre, ese será tu fin", respondió la Mujer Árbol.

Tlepsh regresó a casa, lamentando la pérdida de su hijo.

Salman y Rostom *(Armenia)*

Esta historia de un único combate entre dos temibles guerreros refleja los lazos históricos entre Armenia y Persia y funciona como una historia sobre los orígenes de los terremotos y los truenos. El héroe de esta historia, Rostom, es claramente el héroe persa del mismo nombre (en persa: Rostam*), y el padre de Rostom, Chal, es claramente el persa Zal. La historia que se cuenta a continuación no está relacionada con el ciclo de Rostam en el Shahnameh de Ferdowsi. Aquí, Rostom ha sido elegido como un héroe de cuento de hadas armenio.*

Hace mucho tiempo, un gigante llamado Salman era el terror de todas las tierras circundantes. Obligó a todo el pueblo a rendirle tributo. Si un pueblo o ciudad no podía o no quería pagar el tributo, Salman iría allí y mataría a toda su gente, destruiría sus casas y graneros y devastaría sus campos.

La única persona que se atrevió a negarse a pagarle a Salman fue un noble llamado Chal. Chal era muy grande y fuerte, pero parecía pequeño en comparación con su hijo, Rostom. Rostom era un hombre gigante y tan fuerte que podía arrancar árboles enteros de raíz. Solo había un caballo en todo el mundo que podía llevar a Rostom. Un corcel mágico de pezuñas blancas.

Un día, Chal decidió ir a ver qué había estado haciendo Salman. Montó en su caballo y partió en busca de Salman. Chal viajó de aquí para allá, pero no encontró a Salman hasta que, un día, vio a un hombre enorme montado en un caballo enorme que se acercaba por la carretera. El hombre tenía una lanza enorme y parecía realmente feroz. Chal nunca había visto a Salman antes, por lo que no sabía que esta era la persona que había estado buscando. Sin embargo, Chal nunca rechazó una oportunidad de luchar, por lo que dejó su lanza en reposo y cargó contra el enorme hombre. El gigante espoleó a su caballo hacia Chal, pero en lugar de usar su lanza, pasó por su lado como si Chal ni siquiera estuviera allí.

Chal estaba furioso. Nunca se había sentido tan insultado. Dio la vuelta a su caballo y arrojó su lanza con todas sus fuerzas al gigante. La lanza pasó zumbando junto a la cabeza del gigante, a lo que el gigante se dio la vuelta, galopó hacia Chal y tiró a Chal de su silla como si fuera un muñeco de trapo. Luego, el gigante ató a Chal al vientre de su caballo y se dirigió a casa.

El gigante vivía en una enorme tienda instalada cerca de un río. Llevó a Chal al interior de la tienda y clavó la oreja en el poste de la tienda. Luego Salman se fue a su cama, se acostó y se fue a dormir.

Chal estaba casi ciego de rabia.

"Ni siquiera tuvo la cortesía de decirme quién es", murmuró para sí mismo.

Salman no durmió mucho. Cuando se despertó, le dijo a Chal: "Dime quién eres".

"Soy alguien del país de Chal", dijo Chal, pensando que sería prudente no revelar su verdadero nombre.

"Oh, bien". Salman soltó a Chal del poste de la tienda. "Entonces puedes ir con Chal y decirle que envíe a su hijo Rostom a pelear conmigo. He escuchado historias sobre Rostom y quiero ver cuál de nosotros es más fuerte. Diles a Chal y Rostom que es Salman quien está pidiendo esto".

Chal se fue a casa. Se dejó caer en una silla y suspiró.

Rostom notó que su padre parecía abatido. "¿Qué pasa, padre? ¿Qué pasó en su viaje?".

"Bueno, encontré a Salman. El bandido me capturó y clavó mi oreja en el poste de su tienda. Me dijo que quiere pelear contigo para ver quién es más fuerte. No sabe que soy tu padre. Le di un nombre falso".

"Si Salman quiere una pelea, entonces la tendrá. Pagará por este insulto".

Rostom se preparó para su viaje. Invitó a su primo, Vyjhan, a que lo acompañara. Cuando llegó el momento de partir, Rostom se despidió de su caballo.

Rostom le dijo a Chal: "Si estoy en peligro, mi caballo lo sabrá y golpeará sus pezuñas. Cuando lo haga, ate todas mis armas a su silla y déjele que venga hacia mí".

Rostom y Vyjhan se disfrazaron de monjes y emprendieron su viaje. Ahora, así como Rostom era enorme y fuerte, Vyjhan también era muy grande, pero su fuerza estaba en su voz, no en sus brazos. Si Vyjhan gritaba, la gente podía oírlo al otro lado del país, incluso si las montañas se interponían en el camino.

Vyjhan y Rostom viajaron durante todo ese día, y cuando el sol comenzó a ponerse, acamparon cerca de una pequeña ciudad. En medio de la noche, Vyjhan se despertó por el ruido de la gente que se lamentaba. Entró al pueblo y allí vio a toda la gente llorando y rasgándose la ropa.

Vyjhan se acercó a uno de los aldeanos y le preguntó: "¿Qué ha sucedido? ¿Alguien ha muerto? ¿Alguna calamidad?".

"Aún no, pero tendrá lugar pronto. Le debemos tributo al gigante Salman. No le hemos pagado en siete años, pero acaba de decirnos que debemos tener todo listo para mañana o nos matará a todos y destruirá nuestra aldea". Respondió el aldeano.

La gente trabajó muy duro y al amanecer, el tributo estaba listo. Vyjhan los vio discutiendo sobre quién debería ser el que le diera el tributo a Salman. Nadie quería hacerlo porque Salman se llevaba tanto el tributo como la persona que lo entregaba, y nunca más se volvía a ver a la persona.

"¿Por qué no me dejas dar el tributo? No tengo miedo", dijo Vyjhan.

Muy pronto, Salman llegó al pueblo. Recogió todo el tributo y recogió a Vyjhan junto con él. Llevó a Vyjhan a su tienda y clavó su oreja en el poste de la tienda.

Vyjhan gritó: "¡Rostom! ¡Ayuda! ¡Salman me ha capturado!".

El fuerte grito de Vyjhan despertó a Rostom del sueño. Rostom corrió al pueblo y preguntó qué sucedía.

"Salman llevó a tu amigo a su tienda junto al río. No te molestes en ir tras él. No hay forma de que Salman sea derrotado. Llora a tu amigo y vete a casa", dijeron los aldeanos.

Tan pronto como los aldeanos le contaron a Rostom su historia, el fiel caballo de Rostom galopó a su lado. El caballo estaba ensillado y todas las armas y armaduras de Rostom estaban allí. Rostom se puso la armadura, montó en su caballo y galopó hacia el río.

Cuando llegó a la tienda de Salman, gritó: "¡Salman! Sal y enfréntame. Soy yo, Rostom. ¡Veamos quién es más fuerte!".

Salman salió de la tienda armado y listo para la batalla. Los dos gigantes lucharon con sus lanzas hasta que no quedaron más que astillas. Luego sacaron sus espadas y lucharon hasta que sus escudos se desmoronaron y sus espadas se rompieron. Cuando todas sus armas estaban rotas, lucharon y lucharon, pero ninguno de los dos pudo tomar ventaja.

Salman y Rostom todavía luchan. Cuando uno de ellos lanza al otro, hace temblar el suelo, y la llamada en auge de Vyjhan todavía se puede escuchar de vez en cuando en todo el mundo.

El pez de cabeza dorada (*Armenia*)

Este cuento popular armenio no trata sobre dioses o héroes antiguos, pero está más cerca de un cuento de hadas, y narra las aventuras de un príncipe deshonrado acompañado por un ser mágico. La función de esta historia es el entretenimiento, pero también tiene un fuerte núcleo moral sobre las virtudes de la misericordia, la lealtad y el pago de deudas.

Una vez hubo un rey que descubrió que le fallaba la vista. Todos los médicos más eruditos de todos los rincones del reino fueron convocados para tratar al rey, pero ninguno pudo encontrar una cura.

Al rey le llegó la noticia de que un médico de un país lejano era aún más erudito que todos los de todo el reino juntos.

"Vayan a buscar a este médico. Tráiganlo aquí de inmediato. Él es mi última esperanza", dijo el rey.

Los mensajeros encontraron al médico y lo llevaron a la corte del rey.

El médico examinó al rey y dijo: "Existe una cura para su enfermedad. Requiere la sangre del pez de cabeza dorada. Si unto un poco en sus ojos, volverá a ver. Me quedaré aquí cien días. Si al final de ese tiempo no ha encontrado el pescado, debo regresar a mi casa".

El rey solo tenía un hijo, que amaba mucho a su padre. El príncipe estaba junto a la cama de su padre cuando el médico le contó al rey sobre esta cura. El príncipe rogó por la oportunidad de ir a pescar, porque quería ser él quien le devolviera la vista a su padre. El rey dio permiso y pronto el príncipe y sus compañeros se hicieron a la mar.

Día tras día echaron sus redes y día tras día no consiguieron encontrar al pez. Pasaron noventa días, y luego noventa y ocho, y en el noventa y nueve, pescaron y pescaron hasta que el sol estaba casi poniéndose, y todavía no había peces de cabeza dorada. El príncipe y sus compañeros estaban abatidos.

Uno de los compañeros dijo: "Creo que esta tarea es imposible. Quizás ese doctor estaba contando una historia para burlarse de nosotros y de su majestad. Deberíamos irnos a casa antes de que oscurezca".

Quizá tengas razón, pero no volveré a casa hasta que hayamos lanzado nuestras redes por última vez. Tal vez tengamos suerte", dijo el príncipe.

Y así, el príncipe y sus compañeros echaron sus redes y volvieron a tirar de ellas. Y... ¿qué encontrarían entre las capturas sino un pez de cabeza dorada? Los hombres colocaron el pescado dentro de un barril lleno de agua y pusieron el barril en la cabina del príncipe. Luego navegaron rumbo a casa, cantando todo el camino.

Mientras navegaban a casa, el príncipe fue a mirar al maravilloso pez. Jadeó de asombro cuando el pez asomó la cabeza por encima del agua y comenzó a hablar.

"Sé que eres un príncipe. Yo también soy un príncipe. Por favor, arrójame al mar. Tendrás una gran recompensa si me salvas la vida", dijo el pez.

El príncipe vaciló, pero el pez suplicó con un tono tan lastimero y lo miró con ojos tan lastimosos que el príncipe sacó el pescado del barril y lo arrojó al mar.

Los amigos del príncipe vieron lo que había hecho y gritaron: "¿Qué está haciendo? Trabajamos noventa y nueve días para atrapar ese pez. ¿Qué va a decir su padre?".

Pero el príncipe se limitó a responder: "Tengo mis razones", y no dijo más.

Cuando el príncipe y sus compañeros regresaron al palacio, los compañeros le contaron al rey lo que había hecho el príncipe.

"¿Cómo te atreves? ¿Cómo te atreves a quitarme la única oportunidad que tenía de curarme? ¡Mañana te colgaré por criminal! Y ya no serás mi hijo", gritó el rey.

La reina escuchó lo que dijo el rey, por lo que rápidamente se llevó al príncipe y le puso ropa vieja para hacerlo parecer un plebeyo. Ella le dio una bolsa llena de oro y joyas y lo envió al puerto para encontrar un pasaje en el barco que lo llevara más lejos. Con muchas lágrimas, madre e hijo se despidieron, y pronto el príncipe volvió a estar en el mar, pensando que, esta vez, nunca volvería.

El príncipe desembarcó en una isla distante. Encontró una casa de campo agradable para vivir y pronto deseó que un sirviente lo atendiera. Envió un mensaje de que estaba buscando a un sirviente, y al día siguiente, había una fila de hombres afuera de su puerta con la esperanza de obtener el puesto. El príncipe entrevistó uno tras otro, y al final de la entrevista, les preguntaba qué salario deseaban. Todos respondieron que precisaban una cierta suma de dinero a final de mes. Aunque el príncipe pensó que cualquiera de los hombres serviría como sirviente, también tenía la molesta sensación de que aún no había encontrado al hombre adecuado, por lo que continuó entrevistando a más hombres.

Al final de un día muy largo, finalmente solo quedaba un candidato.

El príncipe habló con él sobre sus calificaciones y, como lo había hecho tantas veces antes, dijo: "¿Qué esperas del salario?".

"No necesito que me paguen, señor, al menos no todavía. Déjeme servirle por un tiempo, y si cree que vale la pena pagar, entonces puede recompensarme", respondió el hombre.

El príncipe estaba intrigado por esto y le dijo al hombre que estaba contratado.

Los dos vivieron juntos en paz durante un tiempo, pero un día, el terror llegó a su pequeña isla. Un dragón se instaló no muy lejos y había comenzado a asaltar corrales de ganado y rebaños de ovejas.

"¿Qué debemos hacer? Una vez que el dragón se coma todas nuestras ovejas y vacas, se comerá a nuestros hijos, y entonces seguramente nos comerá a nosotros", se lamentó la gente.

El rey de la isla envió a algunos soldados en una expedición para matar al dragón. Cuando ninguno regresó, envió otro grupo de soldados, luego otro, y luego otro, pero ninguno regresó con vida. Desesperado, el rey proclamó que cualquiera que matara al dragón obtendría la mitad de su reino y la mano de su hija en matrimonio.

El sirviente escuchó la proclamación. Sin decirle nada al príncipe, se dirigió al palacio y pidió audiencia con el rey.

"Mi maestro puede matar a ese dragón. ¿Mantendrá su palabra y lo recompensará como dijo?", dijo el sirviente.

"Por supuesto. Ese dragón ya se ha comido a la mitad de mi ejército. Cualquiera que pueda matar a esa bestia merece ese tipo de recompensa", respondió el rey.

Esa noche, el sirviente salió silenciosamente de la casa y se dirigió al lugar donde vivía el dragón. Cuando salió deslizándose de su guarida, el sirviente lo mató y luego le cortó las orejas. Se llevó las orejas a casa y despertó al príncipe.

"Llévale esto al rey. Dile que mataste al dragón. Te dará la mitad de su reino y su hija en matrimonio", dijo el sirviente.

"Pero yo no maté al dragón. Lo has matado tú. La recompensa debe ser tuya", dijo el príncipe.

"No se preocupes por eso. Haga como le digo y todo irá bien".

El príncipe hizo lo que le sugirió su sirviente. Le acercó las orejas al rey, quien inmediatamente le dio la mitad de su reino y su hija en matrimonio.

El príncipe y su esposa pronto tuvieron un buen hijo, y cuando el viejo rey falleció, el príncipe fue nombrado gobernador de toda la isla.

Un día, el sirviente se acercó al príncipe y le dijo: "Señor, deberíamos hacer otro viaje. Abdique su trono en favor de su hijo. Haga regente a su esposa. Ella es sabia y gobernará bien. Luego navegaremos hacia el Reino de Occidente. Allí le espera una gran fortuna".

El príncipe hizo lo que le dijo su sirviente y se despidió de mala gana de su esposa e hijo.

Los dos hombres zarparon y, tras unos días en el mar, llegaron al Reino de Occidente.

"Vaya al palacio y pida al rey la mano de su hija en matrimonio. Es la mujer más hermosa del mundo y será una buena esposa", le dijo el sirviente al príncipe.

El príncipe fue debidamente al palacio y pidió una audiencia con el rey.

Cuando el rey se enteró de que el príncipe quería casarse con su hija, dijo: "Pareces un buen joven y estoy seguro de que serías un buen marido para mi hija. Pero debes saber que ya he intentado casar a mi hija unas noventa y nueve veces, y cada vez, el pobre joven muere en la noche de bodas. Puedes casarte con ella si quieres, pero no digas que no te lo advertí".

Al principio, el príncipe se resistió a casarse con la hija del rey, pero el sirviente lo tranquilizó.

"No tema. Al final todo saldrá bien. Me ocuparé de eso", dijo.

Al día siguiente, el príncipe y la princesa se casaron en una suntuosa ceremonia. Cuando terminó el banquete de bodas, la joven pareja se retiró a su habitación. El príncipe se horrorizó al ver que había un ataúd y un sudario esperando a los pies de la cama.

"¿Para qué es esto?", preguntó el príncipe a su novia.

"Estoy seguro de que mi padre te ha contado. Hace un tiempo, decidieron mantener ya uno de esos en mi habitación para evitar la molestia de hacer uno la mañana después de mis bodas. Sé que es extraño, pero conocías el peligro cuando accediste a casarte conmigo", respondió la princesa.

Los jóvenes se fueron a la cama y pronto se durmieron.

Durante el banquete de bodas, el criado se había disculpado, diciendo que quería asegurarse de que todo estuviera listo en la cámara nupcial, pero lo que realmente quería hacer era encontrar un lugar para esconderse. Se armó con un par de tenazas y una daga afilada y luego se escondió en un armario y esperó hasta que el príncipe y su novia se durmieran. El criado abrió la puerta del armario y se arrastró hasta el borde de la cama. La princesa abrió la boca mientras dormía, y salió una enorme víbora larga y negra. El sirviente agarró a la víbora con las tenazas y le cortó la cabeza. Tomó las armas y el cuerpo de la serpiente y los enterró en los jardines del castillo.

Por la mañana, algunos hombres entraron en el dormitorio. El rey los había enviado a ocuparse del cadáver del príncipe, pero cuando entraron a la habitación, se encontraron con que el príncipe estaba vivo, sentado en la cama y charlando con su esposa durante un desayuno preparado por el sirviente del príncipe. El rey se alegró mucho al ver que el novio había sobrevivido a su noche de bodas.

"Este matrimonio seguramente será bendecido. Mi hija finalmente tiene un esposo que puede amarla durante todos sus días", dijo.

El príncipe y su esposa vivieron felices en el palacio por un tiempo, pero pronto el viejo rey murió. Como el rey no tenía heredero varón, el príncipe tomó su trono. Gobernó bien el reino durante algunos años hasta que, un día, un mensajero llegó a su corte.

"Me ha enviado tu madre real. Su padre ha muerto. Ha heredado su reino. Por favor, venga a casa de inmediato", dijo el mensajero.

El príncipe encontró un regente para gobernar en su lugar y luego se embarcó con su esposa.

En el camino, se detuvieron en la isla para buscar a la primera esposa del príncipe y a su hijo. Luego navegaron hacia el reino de su padre. Fueron recibidos con gran regocijo, y pronto el príncipe y su familia habían establecido su hogar en el palacio. Así, el príncipe se convirtió en Señor no solo del reino de su padre, sino también de la isla y del Reino de Occidente.

Un día, el sirviente se acercó al príncipe y le dijo: "Señor, usted tiene dos hermosas esposas, un hermoso reino y un gran tesoro. Mi tiempo con usted ha terminado. Debo regresar a mi casa".

El príncipe se entristeció al escuchar esto. "¿No puedo persuadirte de que te quedes? Me habéis aconsejado y servido bien, y estoy muy agradecido".

"No. Realmente debo irme".

"Muy bien, pero toma de mi riqueza todo lo que necesites. Todo lo que tengo es tuyo, porque no tendría nada de eso si no fuera por ti. Me ha salvado la vida".

"No necesito ningún tesoro, porque solo estaba pagando mi deuda con usted. Verá, soy el pez de cabeza dorada".

Parte II: epopeyas nacionales

David de Sasún (*Armenia*)

"David de Sasún" es la epopeya nacional armenia. Cuenta la historia de cuatro generaciones de la misma familia, comenzando con los hermanos gemelos Sanasar y Baghdasar, quienes son concebidos milagrosamente cuando su madre bebe agua de un manantial mágico. Como muchos héroes concebidos por magia o milagro, Sanasar y Baghdasar son superdotados, tienen una fuerza sobrehumana y poseen un caballo sobrenatural e inmortal llamado Kourkig Jelaly ("Caballo Majestuoso"). Muchas de las cualidades de los hermanos se transmiten de generación en generación, incluido su nieto David, el héroe epónimo de la epopeya. La historia se desarrolla en Sasún, que hoy es el distrito de Sason en la provincia de Batman en el sureste de Turquía, aunque históricamente esta área era territorio armenio y, según la epopeya, fue fundada por los mismos Sanasar y Baghdasar.

Uno de los focos de esta historia es el conflicto entre los cristianos armenios y sus ocupantes musulmanes, que refleja la verdad histórica. En el siglo VII, Armenia era una provincia del Califato Omeya, y en el siglo XI, Armenia fue invadida por los turcos selyúcidas musulmanes. La epopeya en sí comienza con una escena de conflicto entre armenios y musulmanes invasores, en la que el rey de Armenia se ve obligado a entregar a su hija, Dzovinar, al califa musulmán como parte de un tratado de paz. Cuando Dzovinar concibe a Sanasar y Baghasar, el Califa está furioso y planea matar a Dzovinar y sus hijos. Los niños evaden la ejecución y finalmente rescatan a su madre de las garras del Califa, y así comienza la historia de su dinastía.

También vemos cómo la cultura persa se entremezcla con Armenia en los personajes de los devs, seres malvados parecidos a demonios que roban parte del ganado de David. Los devs originalmente eran criaturas de la mitología persa, pero finalmente fueron adoptados en las mitologías de las naciones circundantes, incluida Armenia.

Debido a que toda la epopeya es demasiado larga para este volumen, aquí solo se incluye una breve parte. Se ha traducido en prosa y no en su forma poética original. Nos unimos a la historia después de la muerte del hijo de Sanasar, Medz ("León") Mher. La esposa de Mher luego muere de dolor, dejando huérfano a su hijo pequeño, David. Los choques entre los armenios y sus ocupantes musulmanes continúan en esta parte de la epopeya, con el conflicto entre David y la árabe Msrah Melik, cuyo nombre significa "rey de Msr". La mayoría de los traductores traducen a Msr como "Egipto", pero en su traducción de la epopeya, Artin Shalian dice que "Msr" en realidad se refiere a un lugar en la antigua Asiria.

David el pastor

Cuando David era un muchacho, se metía en problemas con tanta frecuencia que la gente del pueblo le rogaba a su tío Ohan que le diera algo de trabajo.

Ohan se acercó al niño y le dijo: "Querido David, ¿le gustaría pastorear las ovejas y las cabras del pueblo?".

"Sí, creo que me gustaría. ¿Cómo lo hago?", preguntó David.

"Llevas a los animales al prado por la mañana y los llevas a casa por la noche".

"Muy bien, pero necesitaré zapatos nuevos".

Ohan fue al herrero y le pidió que le hiciera un par de botas de acero y un cayado de hierro para usar en el pastoreo de las ovejas. David estaba muy satisfecho con sus botas y su cayado y no podía esperar a que llegara la mañana para poder comenzar su trabajo.

Finalmente, un nuevo día amaneció. David fue a ver a todos sus vecinos y se ofreció a llevar sus rebaños a pastar. Todo el pueblo estuvo de acuerdo, y pronto David estuvo a cargo de un gran rebaño de ovejas y cabras. Los condujo a las colinas para que pudieran pastar. Cuando llegó el momento de llevar a los animales a casa, notó que estaban todos esparcidos por las colinas.

"¿Qué hago? Tengo que traerlos a todos de vuelta", pensó David.

David inmediatamente se puso a trabajar recogiendo todas las ovejas y cabras, pero en su entusiasmo, también recogió martas y armiños, faisanes y conejos, e incluso algunos zorros y los colocó entre los animales de sus vecinos. Cuando la gente de Sasún vio que David regresaba no solo con cabras y ovejas, sino con una gran cantidad de animales salvajes, se asustaron y se escondieron en sus casas.

"¿Qué has hecho?" preguntó Ohan cuando vio la manada abigarrada que David conducía por la ciudad.

"Recogí todas las bestias y las traeré a casa. Incluso encontré algunos más para agregar al rebaño", respondió David.

"Sí, pero solo algunos de ellos son ovejas y cabras. El resto son animales salvajes".

Entonces Ohan tuvo que mostrarle a David cómo distinguir las ovejas y las cabras de las otras criaturas, y cuando la gente dejó de tener miedo, tomaron las martas, los armiños y los zorros y usaron sus pieles para hacer pieles finas para el invierno, y se comieron a los faisanes y conejos.

Al día siguiente, la gente fue a Ohan y le dijo: "Al final no fue todo tan desastrosos ayer, pero no queremos que su sobrino vuelva a pastorear nuestros rebaños. Dele algo más que hacer".

Ohan le dijo a su sobrino: "La gente ya no quiere que pastorees sus ovejas y cabras. ¿Qué tal si llevas el ganado a pastar?".

"Sí, lo haré, tío, pero necesito un par de zapatos nuevos. Los que me diste el otro día ya se han gastado", respondió David.

Entonces, Ohan le pidió al herrero que le hiciera a David otro par de botas de acero, y por la mañana, David recogió el ganado y lo llevó al prado. Esta vez, sin embargo, su tío se aseguró de decirle que solo trajera los animales que estaba recogiendo por la mañana y que no tomara nada que se viera diferente a los animales de su rebaño. David pronto aprendió a pastorear bien el ganado, y el ganado creció adecuadamente bajo su cuidado. David también se hizo amigo de otros pastores con quienes cuidaban juntos a sus animales.

Un día, David y sus amigos estaban sacando el ganado a pastar como de costumbre cuando David vio a muchas personas que se dirigían hacia la iglesia.

"¿A dónde van?" David preguntó.

"Hoy es un día santo. Van a la iglesia, y luego comerán y celebrarán", respondió uno de los pastores.

Otro pastor dijo: "Me gustaría poder comer y celebrar también. Ese guiso que hacen para el festival es tan bueno".

"Si cuidas mi ganado, iré a buscar un poco de estofado para todos", dijo David.

Los pastores estuvieron de acuerdo, y David partió hacia la iglesia.

En la iglesia, David encontró a las mujeres preparando varios calderos de estofado de delicioso olor.

"Saludos. ¿Puedo pedir un poco de un guiso para llevar a mis amigos? Estamos pastoreando el ganado de todos, por lo que no podemos asistir a la celebración", dijo David.

"No, claramente no puede comer estofado", respondió una de las mujeres.

"Pero mis amigos y yo tenemos hambre, y veo aquí que tienen suficiente".

"Aun así, no hay para ustedes".

"Ya lo veremos".

David tomó su vara de roble y la metió a través de los anillos de uno de los calderos. Luego tomó el caldero, usando el bastón como manija. Agarró unas hogazas de pan de una mesa cercana y comenzó a caminar de regreso a donde esperaban sus amigos.

"¡Espere un minuto! ¡Devuelve nuestro guiso!", gritó una de las mujeres entre lágrimas.

En ese momento, el sacerdote salió de la iglesia. Vio a David alejarse, llevando el enorme caldero lleno de estofado con una sola mano.

"Silencio, madre. ¿No ve que es uno de esos hombres de Sasún? ¿No ve que es el hijo de Medz Mher? No lo haga enojar, o volverá y nos matará a todos. Todavía tenemos suficiente para los demás. Déjelo pasar", dijo el sacerdote.

David regresó al prado, donde encontró a sus amigos de pie, inquietos, reunidos.

David dejó el caldero y dijo: "¡Oigan, muchachos, vengan a comer! ¿No huele fantástico? También traje un poco de pan". Al ver que los otros hombres no se movían ni decían nada, David agregó: "¿Qué les pasa? Fui hasta la iglesia para conseguir esto, ¿y ahora no lo van a comer?".

"No es eso, David. Es que mientras no estabas, cuarenta devs vinieron y se llevaron nuestro ganado", dijo uno de los pastores.

"¿En serio, ahora? Bueno, no me encargaré de cuarenta devs con el estómago vacío. Vamos, comamos y luego iré a buscar nuestro ganado".

Después de que David y los pastores comieran hasta saciarse, David dijo: "díganme qué camino tomaron los devs".

Los pastores le mostraron, y David siguió las huellas del ganado hasta las montañas. Las huellas siguieron hasta una cueva de la que salía humo. David miró dentro de la cueva, y allí estaban los cuarenta devs. Los devs ya habían sacrificado el ganado, lo habían despellejado y hervido su carne en un enorme caldero. Al ver esto, David se enfureció. Dio un grito tan fuerte que todos los devs quedaron estremecidos.

"Sin dudas es el hijo de Medz Mher. Rápido, vayan y tranquilícenlo antes de que nos mate a todos", dijo el jefe de los devs.

Los devs fueron a hablar con David, pero él los decapitó con su bastón uno por uno hasta que no quedó ninguno con vida. Entonces David entró en la cueva, donde encontró la olla llena de carne, un montón de pieles y una gran montaña de tesoros. También había un gran semental atado a un aro en una pared. David sacó la carne del hervidor y lo llenó de tesoros. Luego recogió las pieles y el hervidor lleno de tesoros y regresó al pueblo, donde repartió las riquezas y dispuso que los ganaderos entregaran las pieles a quienes más las necesitaban. Les entregó el hervidor a las mujeres de la iglesia, a cambio de la olla que había tomado anteriormente.

David fue a su casa para buscar a su tío y contarle sobre el tesoro.

"Trae algunos burros para llevar el botín. Ni yo no puedo cargar con todo eso solo", dijo David.

David y su tío subieron hasta la cueva. Cuando el tío vio los cuerpos decapitados de los devs, se puso blanco como la nieve y decidió huir.

"¿Por qué huyes? Están muertos. Ya no harán daño", dijo David.

Los dos hombres entraron a la cueva.

Cuando Ohan vio el tesoro y el caballo, dijo: "¡Oh! Este es el tesoro de Medz Mher y su caballo. Los devs han estado robando esto desde que murió".

"Te daré todo el tesoro si me das el caballo. Y te advierto que hagas lo que te pido, o tendré que lastimarte", dijo David.

"El tesoro y el caballo te pertenecen. No quiero nada de eso".

"No tengo ningún interés en el tesoro. Llévalo a casa y repártelos con todos en la ciudad. Solo quiero el caballo".

Y así, Sasún se hizo muy rico y toda la gente estaba feliz.

David reconstruye el monasterio de su padre

Un día, poco después de derrotar a los devs, David compró un halcón de caza y luego montó en su caballo para ver si su halcón podía atrapar pájaros para él. David estaba concentrado en su cacería, por lo que no prestó atención hacia dónde estaba cabalgando. Terminó en un campo de mijo, y los cascos de su caballo batieron todos los surcos en barro y aplastaron los pequeños brotes de mijo.

La anciana propietaria del campo salió cojeando de su casa y le gritó a David. "¡Ey, tú! ¿Por qué estás pisoteando mi delicado mijo? Si quieres cazar, sube a las montañas, al antiguo lugar de caza de tu padre. Hay ovejas buenas y gordas allá arriba. Después de todo, ¿qué puedes hacer con un pequeño gorrión? Aleja tu halcón. Consigue un arco y flechas y ve a cazar ovejas".

David se fue a casa y se paró ante su tío. "Tío, ¿por qué nunca me ha dicho que mi padre tenía terrenos de caza en las montañas? Debe darme un arco y algunas flechas y llevarme a ese lugar".

"¿Quién te habló de esas tierras?" preguntó Ohan.

"No se preocupe por eso. Dígame dónde está y deme un arco y algunas flechas".

"Ya no tenemos esas tierras. Fueron tomadas por Msrah Melik y sus ejércitos. No nos atrevemos a subir allí por miedo a la ira de Melik".

David se burló. "La ira de Melik no significa nada para mí. Ahora, consígame un arco y algunas flechas, y consiga su propio equipo de caza. Vamos a subir ahora".

Ohan protestó un poco más, negándose a tomar a David y negándose a hacerle una reverencia.

Finalmente, David dijo: "Si no hace lo que le digo, le haré daño".

Ante eso, Ohan cedió. Fue a otra habitación y sacó un arco poderoso y un carcaj de flechas. "Este era el arco de tu padre, el arco de Medz Mher. Nadie lo ha usado desde que murió porque nadie ha sido lo suficientemente fuerte como para ensartarlo. Tal vez tú seas lo suficientemente fuerte".

David tomó el arco y lo ensartó con facilidad. Se ató el arco y el carcaj a la espalda. "Ahora traiga su arco y carcaj. Nos vamos".

David siguió a su tío a las montañas. Pronto se encontraron con un lugar que una vez había estado encerrado por un muro, pero ahora el muro era una ruina que se derrumbaba, y el bosque más allá estaba cubierto de maleza y estaba muy mal cuidado. No se vislumbraban terrenos de caza.

"¿Qué es este lugar?" David preguntó.

"Esto, muchacho, es la reserva de caza de tu padre, o lo que queda de él desde que Melik lo ha tomado", respondió Ohan.

David y su tío pasaron el resto del día explorando la reserva abandonada. Cuando empezó a oscurecer, encontraron un lugar para montar su campamento. Ohan se acostó y se fue a dormir inmediatamente, pero David estaba inquieto. Se sentó junto a su tío que roncaba mientras la luz se desvanecía del cielo, preguntándose qué haría con la reserva de caza de su padre.

Después de algunas horas, una luz parpadeante en la distancia llamó la atención de David.

Me pregunto qué es eso, pensó David, y sin despertar a su tío, comenzó a subir la ladera de la montaña hacia la luz.

Cuando llegó a la cima de la montaña, encontró una losa de mármol blanco que se había partido en dos, y de la hendidura, brotó una llama. David corrió montaña abajo y despertó a su tío.

"¡Tío! ¡Tío! ¡Despierte! ¡Hay algo que necesita ver!", dijo David.

Ohan se incorporó y parpadeó con dificultad. "¿Qué es lo que es tan importante para despertar a un anciano de su sueño en medio de la noche?".

"¡Mire!" David señaló hacia la ladera de la montaña, donde la luz aún parpadeaba y se movía. "Subí allí y encontré una losa de mármol que estaba partida en dos y una llama ardiendo desde la hendidura".

"Ah. Yo sé lo que es. La losa de mármol es todo lo que queda del altar del monasterio que construyó tu padre, el monasterio de Nuestra Señora de Marout. La tumba de tu padre estaba en el monasterio, pero supongo que también resultó dañada cuando Melik y su ejército invadieron Sasún. Arruinaron el monasterio del mismo modo que destrozaron la reserva de caza".

"Oh, tío, debemos reconstruirlo de inmediato. Tenemos que reconstruir este monasterio. Vaya a la ciudad y reúna a todos los canteros, carpinteros y obreros que pueda encontrar. Envíelos aquí ahora para que podamos reconstruir este lugar sagrado. Yo lo espero aquí afuera. Y cuando se reconstruya el monasterio, irá y reunirá a los monjes, sacerdotes y obispos para que puedan vivir aquí y adorar a Dios como deben hacerlo, y la gente de Sasún tendrá este lugar sagrado restaurado como mi padre hubiera deseado".

Ohan sabía que era mejor no discutir cuando David estaba de ese humor, así que inmediatamente se puso en camino y bajó la ladera de la montaña hacia la ciudad. Le dijo a toda la gente que David tenía la intención de restaurar el monasterio, y pronto todos los artesanos, constructores y trabajadores de piedra y madera de kilómetros a la redonda se apresuraron a subir la montaña para ayudar con el trabajo.

Todos trabajaron tan duro como pudieron y tan rápido como pudieron, y pronto el monasterio fue restaurado a su estado anterior y poblado de hombres santos para cantar y rezar. David bajó del pico de la montaña solamente cuando el monasterio fue reconstruido y poblado de monjes.

Msrah Melik no tardó mucho en enterarse de que el monasterio había sido reconstruido. "Apuesto a que es ese infiel David que está detrás de esto. Y acabo de recordar que hace siete años que no recibo tributo de Sasún. Ya es hora de que mi ejército los visite y los ponga en su lugar".

Melik convocó a los generales de su ejército. Su líder era un hombre llamado Gospadin.

Melik le dijo a Gospadin: "Reúne a tus hombres. Ve a Sasún. Recoge todo el tesoro que me deben, el valor de siete años, y tráeme lo mejor de sus mujeres. Nos vendrían bien algunos esclavos más. Y cuando hayas terminado de recolectar todo, destruye Sasún hasta los cimientos. Mata a ese rebelde de David y tráeme su cabeza".

"Lo haré, pero espero que me paguen bien por esto", dijo Gospadin.

"No temas. Si haces todo eso, puedes quedarte con la mitad de mi reino".

Gospadin reunió a mil soldados y colocó a sus tenientes de mayor confianza en puestos de mando. Luego marcharon hacia Sasún, saboreando la idea de que pronto serían ricos y el país de su enemigo sería arrasado.

Gospadin y sus hombres acamparon y enviaron un mensajero a la ciudad.

El mensajero fue a Ohan y le dijo: "Msrah Melik ha enviado a su ejército para cobrar el tributo que le debes, el valor de siete años y lo mejor de tus mujeres. Gospadin, el general del ejército está en camino ahora. Si no paga, el ejército matará a cada uno de ustedes y se llevará todo de todos modos".

Ohan palideció ante las palabras del mensajero. "Pagaremos, no tema".

Tan pronto como el mensajero se fue, Ohan fue en busca de su sobrino.

"David, muchacho, ha pasado demasiado tiempo desde nuestra última cacería. ¿Qué tal si vas a la ladera de la montaña y ves si puedes cazar una buena oveja para la cena?" Ohan hizo esto porque estaba avergonzado de rendir tributo a Melik y no quería que David lo supiera.

David tomó su arco y su carcaj y se fue a cazar. Poco después, Gospadin y su ejército llegaron a las puertas de Sasún. Los soldados recorrieron la ciudad y las granjas de los alrededores. Tomaron todo el ganado, las cabras y las ovejas y los pusieron juntos en un corral. Luego eligieron a las mejores mujeres y las encerraron en un granero para esperar mientras recogían el resto del tributo.

Mientras tanto, David estaba cazando en las montañas. Pronto se encontró con una oveja gorda, y luego de matarla, la cargó sobre sus hombros y se dirigió a casa. En el camino, se detuvo en la granja de la anciana y arrancó un nabo para masticar de camino a casa. Cuando David llegó al pueblo, vio a la gente de luto.

La anciana vio a David, y con lágrimas corriendo por sus mejillas, dijo: "Así que esto es lo que hace el campeón de Sasún cuando nuestros enemigos vienen a visitar: va a mi campo de nabos y se sirve de mi comida mientras los soldados de Msrah Melik toman todo lo que es nuestro. Esos soldados se llevaron hasta a mi hija, ¡maldita sea! ¡Mi única hija! ¡Y te quedas de brazos cruzados como si nada hubiera pasado! ¡Se llevaron todo el ganado, las ovejas y las cabras, y ahora están sentados en la casa del tesoro contando el oro de tu padre para llevárselo a ese monstruo, Melik!".

"Estaba cazando, señora. Muéstreme adónde llevaron a su hija. Yo la ayudaré", dijo David.

La anciana le mostró a David el granero donde estaban detenidas las mujeres. David derribó la puerta y liberó a las mujeres. Luego, David fue al lugar donde los soldados de Melik mantenían los rebaños y el ganado y liberó a los animales.

"Ahora, señora, enséñeme dónde están contando el oro", dijo David.

La anciana señaló la casa del tesoro. Fuera de la puerta, cuarenta soldados hacían guardia.

Con las ovejas que había matado en las montañas al hombro, David se acercó a los guardias y dijo: "Escuché que mi tío está allí y que necesita mi ayuda".

"¿No ves? Alguien te ha jugado una broma. Vete a casa, niño. Estás molestando", dijo el jefe de la guardia.

Ante eso, David dejó las ovejas y atacó a los guardias. Estrujó el cuello de todos y cada uno de ellos y dejó sus cuerpos apilados junto a la puerta. Entonces David recogió las ovejas de nuevo y entró en la casa del tesoro, donde vio a su tío Ohan y su tío Vergo contando el tesoro y metiéndolo en sacos mientras los generales de Msrah Melik miraban. Ohan sostenía el saco abierto mientras Vergo recogía oro con un cubo y lo vertía dentro. Ya habían llenado varios sacos, que estaban ahora alineados contra una pared.

"¡Tío! ¡Tío Vergo!" David dijo mientras dejaba el cadáver de la oveja en el suelo. "Realmente no debería estar haciendo eso. Eso es trabajo para hombres más jóvenes. Deje que lo ayude".

"Deshazte de este mocoso. Sáquenlo de aquí y continúen con su trabajo", le dijo Gospadin a Ohan.

"No, me quedaré y ayudaré. Es mi deber ayudar a mis mayores", dijo David.

"Vete, David. No queremos ningún problema. Vergo y yo podemos hacer esto nosotros solos", le dijo Ohan a su sobrino.

"No, creo que me quedaré y ayudaré". David tomó el cubo de las manos de su tío y lo puso boca abajo. "Ahora, tío, una medida de oro para Msrah Melik".

Ohan puso una pala de oro en el fondo del cubo volcado. Luego David se acercó al saco, vertió el oro del balde y lo arrojó al suelo, y luego fingió vaciar el balde en el saco.

"¡Bien! Un balde más. ¿Ven lo útil que puedo ser?", dijo David.

"¡Fuera! ¡Sal antes de que corte esa estúpida cabeza tuya y prenda fuego a toda la ciudad!" gritó Gospadin.

En respuesta, David arrojó el balde a Gospadin. Si Gospadin no se hubiera agachado justo a tiempo, el cubo seguramente lo habría matado. Gospadin se asustó y trató de huir, pero David lo atrapó, le cortó los labios, le sacó los dientes y se los metió en la frente.

Entonces David ató a Gospadin a un caballo y dijo: "Vuelve con Msrah Melik y dile que el hijo de Medz Mher hizo esto. Dígale también a Melik que lo que le pasó a usted le pasará a él si alguna vez intenta volvernos a pedir tributo. Nuestro tesoro, ganado y mujeres no le pertenecen. Que se quede con Msr y déjennos quedarnos con Sasún. Pero si no está satisfecho con lo que ya tiene, que venga aquí y me ocuparé de él".

Gospadin y los otros generales corrieron de regreso a su país, dejando atrás a sus tropas. Pero a los soldados no les importó. Se habían puesto en camino por su cuenta para disfrutar del tesoro, las mujeres y los esclavos que habían saqueado de la ciudad. David no tardó mucho en alcanzar a los soldados de Msrah Melik.

"Hola, muchachos. Están tomando cosas que no les pertenecen. Esa no es una linda actitud. Devuelvan todo o algo muy malo va a pasar", dijo David.

Los soldados rieron. "¿Ah, sí? ¿Y qué vas a hacer si no te lo devolvemos? Aquí somos todo un ejército y tú eres un solo hombre".

Tras ese comentario, David arrojó su lanza la cual cayó sobre los soldados de Msrah Melik. No dejó de luchar hasta que mató a cada uno de ellos.

Entonces David liberó a todos los cautivos y dijo: "Ayúdenme a traer todo este tesoro a casa para que podamos devolvérselo a su dueño".

Los cautivos ayudaron a David a traer todo de regreso a Sasún, donde David se aseguró de que los cautivos fueran devueltos a salvo a sus familias y que cada tesoro fuera solo para la persona a la que pertenecía.

La batalla de David con Msrah Melik

Cuando Gospadin y los otros generales regresaron a Msr, estaban tan avergonzados que se escondieron. No fue hasta que Melik preguntó por su ejército y su tributo que alguien le contó lo que había sucedido. Melik luego convocó a Gospadin para que se responsabilizara por el hecho. Cuando llegó Gospadin, Melik vio las heridas que David le había infligido.

"¿Qué te pasó?" preguntó Melik, asombrado por la apariencia de Gospadin. "Y ¿dónde está el tesoro? ¿Dónde están las vacas, las ovejas y las mujeres?".

Gospadin cayó de bruces ante su rey. "Oh poderoso, que reine por mucho tiempo. ¿No vio lo que le pasó a mi cara? David hizo esto, el hijo de Medz Mher. No sé qué pasó con mis soldados. Ellos siguieron su camino y yo el mío. Y David tiene un mensaje para ti".

"¿En serio? Dime".

"David dice que si no está satisfecho con tener su propio país que también quiere el suyo, vaya a Sasún para arreglar con él".

Cuando Melik escuchó esto, se enfureció. "¡Reúne mi ejército! ¡Todo hombre capaz de portar armas debe venir aquí de inmediato! No me importa cuán joven o viejo, den a cada uno una cota de malla, un casco y una espada y díganle que marcharemos hasta Sasún mañana".

Después de que David enviara a Gospadin y a los otros generales corriendo de regreso a casa tras matar a todos los soldados de Melik, Ohan estaba muy asustado. Ohan sabía que era solo cuestión de tiempo antes de que Melik reuniera otro ejército más grande y marchara directamente hacia Sasún, y esta vez, ningún tesoro le impediría matar a todos y quemar sus casas.

Entonces, un día, mientras Ohan cumplía con las rondas designadas para vigilar al ejército de Melik, vio que se habían levantado una gran cantidad de tiendas en la llanura no muy lejos de la ciudad. Ohan volvió corriendo a casa lo más rápido que pudo y llamó a su sobrino.

"¿Qué pasa, tío? ¿Qué es lo que le espanta?" David preguntó.

"¡Te dije! ¡Te dije que tus acciones serían nuestra perdición. Ahora mismo, una multitud de Melik está acampando en nuestra puerta. Hay demasiadas tiendas. Parece que ha caído nieve sobre la llanura. Hay tantas tiendas blancas juntas. Estamos condenados. Deberíamos reunir a nuestras mujeres y nuestro tesoro y huir de aquí, ahora mismo, o todos moriremos". Dijo Ohan.

"No tema, tío. Nos mantendré a todos a salvo".

David corrió hacia la casa de la anciana que era su amiga.

"Señora, necesito su ayuda. ¿Tiene algún viejo atizador o una brocheta o algo parecido? ¿Puedo tomar prestado su burro?".

"¿Para qué?" preguntó la mujer.

"Msrah Melik ha llegado con su ejército. Han cubierto la llanura con sus tiendas. Voy a hacerles frente".

"¿Hacerles frente? ¿El mismísimo hijo de Medz Mher irá a la guerra montado en un burro con un viejo pincho oxidado en una mano? Sobre mi cadáver. Escúchame, joven tonto. Tu padre tenía las mejores armas del mundo. Tenía la Espada Relámpago. Tenía una cota de malla tan resistente que ningún arma podía perforarla y un casco brillante que le hacía juego. Tenía el corcel más feroz y rápido del mundo, el propio Kourkig Jelaly. Necesitas conseguir esas cosas si quieres luchar contra Melik y su gente, como corresponde al hijo de Medz Mher".

"Entonces, dígame dónde puedo encontrar todo esto".

"Oh, no, no lo haré. Tu tío maldice a cualquiera que diga dónde están escondidas esas cosas. No, si quieres encontrarlos, tendrás que pedirle esa información a Ohan".

David corrió a casa. Agarró a su tío por la camisa y lo levantó del suelo. "Dígame dónde puedo encontrar las armas de mi padre y su caballo. Dígame ahora o le romperé el cuello aquí mismo".

"Bájame y te los traeré, y echaré una maldición para el que te dijo esto", dijo Ohan.

David bajó a Ohan. Ohan fue al lugar donde se guardaban las armas y el caballo y se los llevó a David. David se puso la cota de malla, el casco y la espada de su padre. Ensilló y frenó el caballo y lo montó. Cuando Ohan vio a David así preparado para la batalla, se echó a llorar.

"¡Oh, ay! ¡Ay de esa cota de malla y ese casco! ¡Ay de la Espada Relámpago! ¡Ay de Kourkig Jelaly!" gritó.

Cuando David escuchó esto, se enojó mucho. Estaba a punto de bajarse del caballo y gritarle a su tío cuando Ohan dijo: "¡Ay de David! ¡Ay del campeón de Sasún! ¡Ay del hijo de Medz Mher!".

Al escuchar el lamento de su tío, David se bajó del caballo. Tomó la mano de su tío en la suya y la besó suavemente. "No llore por mí, tío. Ha sido un padre para mí y le estoy agradecido. Pero no llore. Estaré en casa pronto. Ya lo verá".

David cabalgó por la ciudad vestido con la armadura y espada de su padre, montado en su corcel. Toda la gente de Sasún se regocijó al ver a su campeón en camino a luchar por ellos.

"Es como si el propio Mher hubiera regresado para salvarnos", dijeron, vitoreando y cantando a David en las puertas de la ciudad.

David tenía otro tío llamado Toros, un hombre gigante que era hermano de su madre. Cuando Toros vio a David cabalgando hacia la guerra, arrancó un olmo y se lo cargó al hombro.

Toros fue al campamento del ejército de Melik y gritó: "¡Oye, estás ahí! Ustedes, en las de tiendas de campaña. ¿No saben que están en Sasún y David, el hijo de Medz Mher, está en camino para pelear con ustedes?".

Luego tomó el árbol con ambas manos y lo hizo girar de manera que barrió veinte tiendas con hombres dentro de ellas.

"Muchachos". Toros gritó mientras se balanceaba con el árbol. "¡Abran paso a David! Denle espacio para luchar".

David montó a Kourkig Jelaly hasta una colina cerca del campamento.

Gritó con gran voz al ejército de Melik. "¡Levántense! Párense sobre sus propios pies. No permitiré que digan que los maté mientras estaban en la cama. Pónganse su armadura. Monten sus caballos. Estoy aquí para hacerle guerra a Msrah Melik".

Entonces David puso espuelas a Kourkig Jelaly y rugió camino al campamento de Melik. Cabalgaba de un lado a otro del campamento, agitando la espada de su padre. David luchó durante toda la mañana y pasado el mediodía, y ninguno de los soldados de Melik pudo oponerse a él.

Finalmente, un anciano del ejército de Melik dijo: "Déjeme ir a hablar con David. Tal vez pueda poner fin a esta matanza".

El anciano se acercó a David y le dijo: "Joven, estoy aquí para hablar, no para pelear. ¿Me oirá?".

"Lo haré", respondió David.

"Mire a su alrededor, a todos los hombres que ha masacrado. Hay jóvenes y viejos. Algunos de ellos tenían esposas en casa y otros tenían hijos. Todos tenían padres y tíos, hermanas y hermanos, que ahora estarán de luto. No conoce a ninguno de los hombres que mató y ellos no lo conocen a usted. ¿Qué daño le han hecho ellos? Vinimos aquí porque Melik nos obligó a hacerlo. Dijo que nos mataría si no nos poníamos la armadura que nos dio y tomábamos una espada contra Sasún. Si usted pelea es con Melik, ¿por qué no se lo lleva y nos deja al resto en paz?".

"Muy bien. Dígame dónde puedo encontrar a Melik y haré lo que me pide".

"Su tienda es la más grande en el medio del campamento. Puede ver humo saliendo de la parte superior. Pero ese no es el humo de un fuego. Ese es el aliento de Melik".

David espoleó a Kourkig Jelaly y cabalgó hasta el centro del campamento. Detuvo su caballo a la entrada de la tienda de Melik.

"¿Dónde está Msrah Melik? ¿Dónde se esconde, huyendo mientras sus hombres luchan y mueren por él?" gritó.

Los soldados que hacían guardia fuera de la tienda de Melik respondieron: "Nuestro rey está dentro, pero está dormido. Tiene la costumbre de dormir siete días seguidos. Solo ha estado dormido durante tres días. Quedan cuatro antes de que se despierte".

David estaba asombrado. "¿Cómo es posible que su rey se quede aquí durmiendo pacíficamente y no pelee junto a sus hombres? Ve y despiértalo, ahora, para que pueda dormirlo para siempre".

Los soldados entraron a la tienda de Melik. Le dieron una palmada en los pies descalzos a su rey, pero lo único que hizo fue murmurar sobre pulgas y darse la vuelta, profundamente dormido. Calentaron una reja de arado en el fuego y sostuvieron el metal caliente contra la espalda de su rey. Esta vez Melik murmuró sobre los mosquitos, pero también se despertó lo suficiente para ver a David parado allí en la entrada de la tienda. Melik lanzó una gran bocanada de aire a David, con la fuerza suficiente para derribar a muchos hombres fuertes. David ni siquiera vaciló, pero Melik finalmente despertó del todo. Los dos hombres se miraron a los ojos durante un largo momento y, mientras lo hacían, Melik sintió que la fuerza desaparecía de su cuerpo.

Pero el astuto Melik no fue derrotado tan fácilmente.

Se sentó y dijo: "Bienvenido, David. Ven, siéntate en esa alfombra, hablaremos un rato".

Cuando estaba en campaña, Melik tenía la costumbre de cavar un hoyo profundo dentro de su tienda y cubrir el hoyo con una alfombra. Atraería a sus enemigos a la tienda, y cuando cayeran por el agujero, lo taparía y dejaría que sus víctimas se pudrieran dentro. Melik había hecho lo mismo aquí, así que cuando David entró en la tienda y pisó la alfombra, cayó al pozo profundo que Melik había cavado.

Melik miró por encima del borde del pozo y miró lascivamente a David. "El hijo de Medz Mher. Ya no me molestará, joven canalla. Has encontrado un rival en mí y has encontrado también tu perdición".

Entonces Melik ordenó que se tapara el pozo con una piedra de molino para que David no pudiera escapar.

Esa noche, el tío de David, Ohan, dio vueltas y vueltas en sueños. Finalmente, su esposa no pudo soportarlo más.

"Deja de revolcarte como una anguila, o te enviaré al granero a dormir en el desván", dijo.

"He tenido pesadillas. Creo que nuestro David está en problemas", le dijo Ohan.

"El único problema aquí es el problema en el que estarás si no me dejas dormir".

"Maldita seas, mujer. Te dejaré dormir bien. ¿Lo ves? Ahora mismo me levanto de la cama. Voy a ir a averiguar qué le pasó a nuestro David así sea lo último que hago".

"Bien. Ve a buscar a esa tonta bestia y, mientras tanto, descansaré un poco".

Ohan se vistió, se puso la cota de malla y tomó su espada. Luego fue al establo donde estaban sus caballos.

Dio una palmada al caballo blanco en la grupa y le preguntó: "¿Qué tan rápido puedes llevarme al campamento de Melik?".

"Llegaremos allí por la mañana", respondió el caballo.

"¿De qué me sirve? Estoy tratando de rescatar a ese joven tonto de David, no de asistir a su funeral".

Dio una palmada al caballo blanco en la grupa y le preguntó: "¿Qué tan rápido puedes llevarme al campamento de Melik?".

"Podrás llegar allí en una hora", respondió el caballo.

"¿Una hora? ¿Una hora? ¿Así es como me pagas por toda la buena cebada que te doy de comer?".

Dio una palmada al caballo blanco en la grupa y le preguntó: "¿Qué tan rápido puedes llevarme al campamento de Melik?".

"Si me ensillas y me montas ahora, te dejaré allí antes de que pongas tu pierna derecha sobre mi espalda y en el estribo", respondió el caballo.

Ohan ensilló el caballo negro y puso el pie izquierdo en el estribo. Comenzó a subirse a la silla de montar, pero antes de que pudiera encontrar su asiento, el caballo negro despegó como un relámpago, y cuando Ohan se sentó y puso su pie derecho en el estribo, ya estaban en la colina frente al campamento de Melik.

Kourkig Jelaly vio llegar a Ohan y galopó hacia él relinchando. Cuando Ohan vio el caballo de David, su corazón se desanimó.

Nuestro David está muerto. O si no está muerto, está cautivo, pensó.

Ohan tenía un apodo: Gran Voz. Fue llamado así porque podía gritar y rugir más fuerte que cualquier hombre vivo. Ohan sabía que la única forma de encontrar a David era rugiendo y que debería rugir más fuerte de lo que había rugido antes en su vida. Ohan tomó siete pieles de buey y las ató alrededor de su cuerpo para que sus costillas no se rompieran cuando rugiera.

Cuando todo estuvo listo, se paró en el borde de la colina que daba al campamento y gritó: "¡David, mi David, si puedes oírme, invoca a Nuestra Señora de Marout! ¡Invoca la Santa Cruz! ¡Nuestro Señor y Señora te darán la fuerza para volver a casa conmigo!".

Tan fuerte fue el rugido de Ohan que David lo escuchó incluso en el fondo del pozo.

"¡Ese es mi tío!" dijo, y su corazón dio un salto. Luego dijo: "¡Que Nuestra Señora de Marout y la Santa Cruz me den fuerzas!".

Se incorporó, se enroscó como un resorte y saltó. Saltó tan fuerte que se estrelló contra la piedra de molino, y hasta el día de hoy, hay piezas de esa piedra que aún no han caído a la tierra.

Melik vio que David había escapado del pozo. "¡David! Qué gusto volver a verte. Ven, siéntate y habla conmigo un rato".

"No me sentaré contigo nunca más, y tampoco hablaré. Toma tus armas y enfréntame en un combate limpio. Si te niegas, demostrarás que eres un cobarde, como si aún no lo hubieras hecho por la forma en que me hiciste prisionero", dijo David.

"Muy bien, pero me reservo el derecho de dar el primer golpe".

"Está bien. Puedes atacar primero. Me reuniré contigo en la llanura cuando estés listo".

Msrah Melik se puso la armadura, montó en su caballo y tomó su lanza. Cabalgó hasta la llanura y se con encontró a David que estaba esperándolo.

"Yo doy el primer golpe, ¿recuerdas?" dijo Melik.

"Lo recuerdo. Avanza ya", respondió David.

Melik sabía que necesitaría mucho poder detrás de su golpe si quería ganar el combate, así que montó a caballo todo el camino hasta Diarbarkir, luego se dio la vuelta y tronó de regreso al lugar donde estaba parado David. Cargó hacia adelante y asestó un golpe tan fuerte que la gente de la ciudad se preguntó si había habido un terremoto, mientras que en el campamento, el polvo era tan denso que era difícil distinguir los contornos de las tiendas más cercanas.

"¡Ja! Ese será el fin de ese fastidioso de David. Estoy seguro de que nadie puede sobrevivir a ese golpe", dijo Melik.

Pero luego David dijo: "No, lo siento, estás equivocado. Todavía estoy aquí", y cuando el polvo se despejó, Melik vio a David parado allí, ileso.

Melik estaba asombrado. "Oh, bueno, supongo que no tuve suficiente carrera. ¿Puedo tener otra oportunidad?".

"Muy bien".

Esta vez, Melik cabalgó hasta Alepo. Regresó a la llanura tan rápido que el viento de su paso era como un huracán, y cuando golpeó a David, el suelo tembló, retumbó y destellaron relámpagos.

"Ese tuvo que haber sido el final de David", dijo Melik, quien no podía ver más que a unos pocos pies frente a él por toda la lluvia y el polvo que su carrera había levantado.

"No, lo siento, todavía aquí", dijo David cuando el polvo comenzó a aclararse. "¿Es mi turno ya?".

"Aún no. Obviamente, mi carrera tampoco fue buena esta vez. ¿Puedo intentarlo una vez más?".

"Uno más, y luego intentaré yo".

Esta vez, Melik cabalgó hasta Msr. Regresó rugiendo con tal fuerza que cuando golpeó a David, una nube de polvo se elevó por encima de las cimas de las montañas y ocultó el sol durante tres días enteros.

Cuando el polvo comenzó a aclararse, Melik dijo: "Bien. Finalmente me deshice de David. Sasún es mío".

"No, lo siento. Todavía estoy aquí, y creo que ahora es mi turno", dijo David.

Cuando Melik escuchó a David hablar y lo vio de pie allí ileso, sintió como si sus huesos se hubieran convertido en agua. Regresó corriendo a su tienda, se sumergió en el pozo que había cavado y ordenó que el pozo se cubriera con cuarenta cueros de buey y los cueros con cuarenta piedras de molino.

Pero Melik no pudo esconderse de David. David montó en su caballo, desenvainó su espada y partió hacia el campamento hasta la tienda de Melik. En el camino, una anciana corrió hacia David y se arrojó a los pies del caballo.

"¡David! Melik es mi hijo. ¡No lo mate! ¡Máteme a mí en su lugar!" gritó la anciana.

"Contaré esto como mi primer golpe, aunque me abstenga de golpear", le dijo David.

Luego espoleó a su caballo y volvió a cabalgar hacia el campamento.

No avanzó mucho más cuando de repente una joven se interpuso en su camino y se arrojó a los pies del caballo.

"¡David! Melik es mi hermano. ¡No lo mate! ¡Máteme a mí en su lugar!" gritó la joven.

"Contaré esto como mi segundo golpe, aunque me abstenga de golpear. Ahora, hazte a un lado, porque solo me queda un golpe y debo asegurarme de que se concrete", le dijo David.

David espoleó su caballo al galope. Cuando se acercaron a la tienda de Melik, vieron las cuarenta piedras de molino apiladas encima del pozo. Kourkig Jelaly dio un gran salto, y en el camino de regreso, David asestó un golpe colosal con la Espada Relámpago de Medz Mher. El golpe fue tan violento que rompió las cuarenta piedras de molino, cortó las cuarenta pieles de buey y partió a Msrah Melik por la mitad.

Kourkig Jelaly aterrizó suavemente y David lo hizo voltearse para a su enemigo.

Una voz débil desde el fondo del pozo dijo: "Lo siento, todavía estoy aquí. No estoy muerto aún".

David estaba asombrado. Era casi imposible que alguien sobreviviera a ese golpe. Fue y miró por encima del borde del pozo. Allí vio a Msrah Melik de pie.

"Si todavía estás vivo, pruébalo. Muévete un poco", dijo David.

Melik se movió un poco, y mientras lo hacía, su cuerpo cayó en dos mitades, una mitad cayó hacia un lado y la otra mitad hacia el otro. Cuando los soldados de Melik vieron esto, se estremecieron de miedo.

"No teman. Mi guerra con ustedes ha terminado. Ustedes no tienen la culpa de esto. Ustedes son agricultores y pescadores, zapateros y carpinteros, todos obligados a venir aquí en contra de su voluntad. Vayan a casa con sus familias. Dedíquense a lo suyo. Pero si alguno de ustedes se atreve a volver aquí a amenazar a Sasún, tendrá que lidiar conmigo. Vayan a casa con sus familias. Vivan una buena vida. Prosperen. Y díganles a todos en Msr lo que sucede cuando los tiranos amenazan a los nacidos libres", les dijo David.

El caballero en la piel de tigre (*Georgia*)

"El caballero en la piel de tigre" es un poema épico en cuartetas del poeta medieval georgiano Shota Rustaveli (c. 1160 - después de c. 1220), cuyo apellido sugiere que era de Rustavi, una ciudad en el sureste de Georgia. Rustaveli fue ministro de Finanzas de la reina Tamara (r. 1184-1213). Su historia de los juicios de Tariel y Avtandil, los dos caballeros en torno a los cuales gira la historia, se considera la epopeya nacional georgiana. Hubo un tiempo en que se esperaba que todas las novias georgianas tuvieran una copia del libro como parte de su dote y pudieran recitar algunas partes para su esposo.

La epopeya comienza con un largo prólogo en el que Rustaveli elogia a la reina Tamara (a quien se refiere como "el rey Tamar") y expone los fundamentos filosóficos del poema que sigue. La historia es un romance en el sentido medieval del término, una historia episódica de misiones, hazañas caballerescas y amor romántico. Rustaveli afirma que es su interpretación de una historia persa. Sin embargo, el modelo de la epopeya de Rustaveli aún no se ha encontrado, asumiendo que tal modelo existió alguna vez en primer lugar. Dicho esto, el caballero en la piel de tigre tiene un parecido superficial con el héroe persa Rostam, ya que también lleva la piel de un gran felino, es casi invencible en batalla y monta un caballo con la velocidad de un rayo.

Esta nueva versión que se presenta a continuación se ha traducido a la prosa y se ha resumido para adaptarse a este volumen actual. Nos unimos a la historia después de que el caballero Avtandil y su señor, Rostevan, se hayan encontrado con el extraño guerrero con piel de tigre. Rostevan se obsesiona con encontrar al hombre, necesita asegurarse de que el hombre era verdaderamente humano y no una aparición demoníaca. Cuando los mensajeros enviados por todo el país no pueden encontrar al hombre, Rostevan decide que debe haber sido una aparición y deja de lado el asunto. Sin embargo, la hija de Rostevan, Tinatin, quien ha sido nombrada gobernante de la tierra por su padre y de quien Avtandil está profundamente enamorado, no está convencida de que su padre haya escapado completamente de su obsesión, ni cree que el hombre fuera un fantasma. Tinatin, respondiendo al afecto de Avtandil, envía a Avtandil en una búsqueda de tres años para encontrar al extraño en la piel de tigre. El viaje de Avtandil comienza con una simple búsqueda, pero al final, contuvo una serie de aventuras peligrosas, batallas, amor romántico y cortesía caballeresca.

Avtandil se encuentra con el caballero en la piel de tigre

Avtandil buscó y buscó al misterioso caballero hasta que solo quedaron tres meses para encontrarlo. Acababa de acampar cuando se acercó un grupo de cazadores.

"¡Ayúdenos! ¡Nuestro hermano ha sido golpeado por un loco y está muriendo!" dijeron los cazadores.

Los hombres le contaron su historia a Avtandil, cuyo corazón dio un vuelco al escuchar que el loco del que hablaban no era otro que el caballero que buscaba.

"¡Mira, ahí está!" gritó uno de los cazadores.

Allí, al otro lado de la llanura, Avtandil pudo ver al caballero con su piel de tigre, galopando sobre un caballo negro azabache.

"Pueden quedarse aquí en mi campamento y comer de lo que cace. Mi meta es encontrar a ese hombre, y ahora debo irme", dijo Avtandil a los cazadores.

Avtandil montó en su caballo y corrió tras el hombre en la piel de tigre. Mientras cabalgaba, pensó en la mejor manera de acercarse al hombre.

"No parece gustarle que la gente le haga preguntas, y ciertamente exige mucho respeto. Tal vez debería quedarme atrás y observarlo un rato y luego decidir qué hacer", se dijo a sí mismo.

Durante dos días, el extraño siguió cabalgando, y durante dos días, Avtandil lo siguió. Al tercer día, llegaron a un acantilado. En la cara del acantilado había una entrada a una cueva, y un arroyo fluía hacia el exterior de la cueva y burbujeaba a través de lechos de juncos y árboles. Aquí, Avtandil se bajó de su caballo. Subió lo más alto que pudo a uno de los árboles, disfrutando de una vista imponente del arroyo y el bosque. Observó al extraño pasar, quien solo se detuvo cuando llegó a la boca de la cueva. Allí se bajó y de la cueva salió una mujer encantadora. La mujer condujo al caballo a la cueva y le quitó la silla y las riendas. Ella ayudó al hombre a quitarse la armadura, y luego ambos entraron juntos a la cueva justo cuando se ponía el sol y caía la noche.

Avtandil se quedó mirando en el árbol toda la noche, todavía preguntándose cómo podría encontrar la manera de hablar con el hombre. Por la mañana, la mujer ayudó a ensillar y embridar el caballo y luego ayudó al hombre a ponerse la armadura. El hombre y la mujer se abrazaron, y luego el hombre montó en su caballo y se alejó, mientras que la mujer se quedó atrás, dejando caer muchas lágrimas.

El hombre de la piel de tigre cabalgó a lo largo del arroyo, recorriendo el camino del día anterior. En su camino a través de los árboles, pasó por el lugar donde se había escondido Avtandil. Avtandil finalmente pudo ver bien al extraño y quedó impresionado por la belleza del hombre. Avtandil no dudaba de que este hombre podía luchar con un león y salir vencedor. Al principio, Avtandil pensó en subirse a su propio caballo y seguir al hombre, pero luego se lo pensó mejor.

Iré a la cueva y hablaré con la mujer. Tal vez pueda contarme la historia del extraño caballero, y tal vez pueda presentarnos más tarde, pensó.

Avtandil se bajó del árbol y condujo su caballo hasta la entrada de la cueva. Tan pronto como llegó, la joven salió corriendo, obviamente pensando que su caballero había regresado, pero cuando vio a Avtandil, se dio la vuelta y corrió hacia la cueva asustada. Avtandil la siguió y la agarró por la muñeca.

La joven luchó por liberarse, mientras gritaba: "¡Tariel! ¡Tariel!".

"No te preocupes. ¡No te lastimaré! No quiero hacerte daño. Estoy aquí para preguntar por el caballero que acaba de irse. Por lo que dijiste, deduzco que se llama Tariel. ¿Puedes hablarme de él?" dijo Avtandil.

La mujer dejó de luchar. "No te diré nada. Esa historia no es para tus oídos, e incluso si me preguntas cientos de veces, no te diré ni una palabra".

"Por favor, no tienes idea por lo que he pasado para encontrar a ese hombre. Tengo que saber quién es y tú tienes que decírmelo".

La mujer continuó negándose, y Avtandil continuó preguntando, hasta que finalmente, Avtandil perdió la paciencia.

Agarró a la mujer por el pelo y le puso un cuchillo en la garganta. "Dime quién es ese hombre o te mataré".

"Adelante". No te contaré nada, no mientras viva, y cuando esté muerta, tampoco podré decirte nada. Preferiría morir antes que hablar contigo".

Ante esto, Avtandil dejó ir a la mujer. Envainó su cuchillo y se sentó en una piedra cercana, con los ojos llenos de lágrimas.

Luego se arrodilló ante la mujer y dijo, llorando: "Te he tratado muy mal y no tengo derecho a esperar que me perdones. Pero debes saber que todo lo que he hecho lo he hecho por amor. Mi amada Tinatin me envió aquí para averiguar quién es ese hombre, y preferiría morir antes que decepcionarla".

La mujer vio las lágrimas de Avtandil y dijo: "El camino de un amante es a menudo cruel, y el amor puede hacer que un hombre haga cosas que de otro modo no haría. Te perdono, pero aun así no te contaré la historia del caballero. Eso le corresponde a él. Al menos, puedo darte nuestros nombres: yo soy Asmat y él es Tariel. Puedes esperar aquí hasta que regrese. Le explicaré tu difícil situación y tu búsqueda, y tal vez él te diga lo que quieres saber".

En ese momento, escucharon el sonido de los pies de un caballo chapoteando en el arroyo.

"¡Escóndete rápido! Tomará algún tiempo convencerlo de que hable contigo, y ningún extraño que le haya exigido algo vivió para contarlo", dijo Asmat.

Asmat le mostró a Avtandil un lugar donde podría esconderse y luego fue a saludar a Tariel. Como antes, ayudó a desensillar el caballo y quitarle las riendas, y luego ayudó al caballero a quitarse la armadura. Condujo al caballero a la cueva y lo hizo sentarse sobre una de las pieles de tigre que se alineaban en el suelo. Luego encendió un fuego y comenzó a cocinar algo para comer. Todo el tiempo, las lágrimas corrieron por las mejillas del caballero, y cuando la comida estuvo lista, tomó solo unos pocos bocados antes de tirarse en el sofá, todavía llorando.

"Tariel, queridísimo, me duele verte así. Todos los días regresas y todos los días derramas lágrimas de amargura. Es posible que no pueda curar tu dolor, pero seguramente ayudaría compartirlo. Lo que necesitas es un hermano de armas, un compañero caballero que te comprenda y pueda ayudarte", dijo Asmat.

"Asmat, querida Asmat, sé que hablas con la verdad, pero dudo que haya alguien en el mundo que pueda hacerse amigo de mí de esa manera".

Asmat se arrodilló junto a Tariel. "Si te trajera a un hombre así, ¿prometes no lastimarlo?".

"Claro que lo prometo, si tan solo pudieras encontrarme un compañero así. Pero no creo que suceda. Creo que un hombre así es alguien que solo vive en sueños".

Asmat fue al lugar donde se escondía Avtandil.

"Ven. Creo que hablará contigo", dijo ella y condujo a Avtandil hasta Tariel. "Tariel, este es Avtandil. Es un caballero como tú y creo que podría ser tu amigo".

Tariel se sentó y miró a Avtandil, y su corazón se llenó instantáneamente de amor por el joven caballero. Asimismo, Avtandil miró a Tariel y descubrió que él también lo amaba.

Los dos hombres se abrazaron y se dieron la mano, y cuando terminaron de saludarse, Tariel dijo: "Ven, siéntate junto al fuego y cuéntame tu historia".

"Soy un caballero de Arabia. Tinatin, la hija de mi señor es mi amada, y por ella, moriría. Su padre, mi señor y yo te vimos una vez cuando estábamos cazando. Mi señor envió a algunos hombres para encontrarte, pero los mataste a todos y te escapaste, por lo que Tinatin me ha enviado a buscarte. Ella me dio tres años. Ese lapso acabará en solo unos meses. Me he desesperado por encontrarte, pero luego me encontré con algunos cazadores. Habías herido a uno de ellos con tu látigo y me contaron hacia habías ido. Te seguí hasta aquí y hablé con Asmat. Ella me pidió que esperara y luego me trajo aquí".

"Ah, sí, recuerdo ese día. Ahora lamento haber matado a esos hombres. Estaba tan absorto en mis pensamientos que no me di cuenta de que eran mensajeros y no soldados enviados a matarme. En cuanto a los hombres que conociste, intentaron apoderarse de mí sin una buena razón, así que me defendí". Tariel suspiró. "¡Ay de los que arden en el fuego del amor! Asmat dijo la verdad cuando dijo que serías una compañía de gran ayuda para mí. También eres un caballero, y también tienes un amor de quien te has separado. Me alegro de que hayas venido a mí, porque tu amistad es un pequeño bálsamo para mi dolor".

"Tariel", dijo Asmat, que había estado sentada cerca y escuchando a los hombres, "¿por qué no le cuentas a Avtandil tu historia? Lo has mantenido en tu pecho durante tanto tiempo. Podría darte un poco de consuelo compartirla con un amigo".

"Como siempre, eres sabia, querida Asmat, aunque temo que contarlo pueda ser mi muerte, tan dolorosa es la herida que llevo debido al amor. Pero tienes razón. Debería contarle a Avtandil mi historia", dijo Tariel.

"Estoy escuchando, y cualquier ayuda que pueda brindarte es suya con solo pedirla", dijo Avtandil.

El caballero cuenta su historia

"Mi padre fue vasallo de Parsadan, el rey de la India. Mi padre era tan querido que cuando dio a luz a mi madre, Parsadan preguntó si podía acogerme, ya que él y su reina no habían podido tener hijos propios. Mis padres fueron honrados y, en consecuencia, me criaron como si fuera un heredero de sangre. Recibí la mejor enseñanza, tanto para la mente como para el cuerpo, y cuando cumplí los cinco años, podía luchar con un león adulto y no sufrir ningún daño. Pero ese quinto año también vio mi ruina: la reina quedó embarazada, y cuando llegó el momento, dio a luz a una hija, que se llamaba Nestan-Daredjan".

"No hay palabras para describir la belleza de Nestan-Daredjan. Ella fue mi compañera de infancia desde el día de su nacimiento hasta que cumplió los diez años y yo los quince. Fue entonces cuando su padre la envió a recibir tutoría, ya que ahora era la heredera del trono de Parsadan. Volví a vivir con mis padres y, durante un tiempo, fui feliz, mientras mi amada Nestan-Daredjan vivía en una torre que su padre había construido para ella, aprendiendo todo lo que necesitaba saber de la hermana viuda de Parsadan y atendida por mi querida Asmat aquí y otra sirvienta".

"Cuando murió mi padre, Parsadan me dio su lugar en la corte. Ahora era dueño de muchas tierras y de muchos vasallos, y traté de administrarlos tan bien como lo había hecho mi padre. Un día, Parsadan me pidió que cazara algunas aves de caza y las trajera a la torre de su hija. Hice lo que me ordenó. Cuando traje los pájaros a la torre, Asmat bajó para llevárselos, pero al hacerlo, se abrió una cortina y allí vi a Nestan-Daredjan. A partir de ese momento, mi corazón dejó de ser mío y me debilité de amor. El rey y la reina se preocuparon por mí. Ningún médico podía curar mi enfermedad y no me atrevía a hablar de mi amor por miedo a ser desterrado de la corte".

"Después de un tiempo, me sentí mejor y seguí con mis deberes y mi ocio casi como de costumbre, aunque mi corazón todavía ardía por Nestan. Entonces, un día, mi querida Asmat vino a verme con una carta. Era de Nestan-Daredjan, y ¡Oh, feliz día, la carta declaraba que ella también me amaba! Le respondí, confesándole mi amor, y así fue como hablamos por primera vez de nuestra alegría".

"Nos enviamos cartas, en secreto, durante muchos días. Luego llegó un momento en que la India estuvo en guerra con los khatavianos. Dirigí el ejército de Parsadan y, a pesar de la traición del rey khataviano, ganamos y trajimos al rey y muchos de sus soldados de regreso a la India como cautivos. Todos se regocijaron con mi victoria, y en el banquete de la victoria, mi corazón casi estalla, porque mi amada Nestan estaba sentada a mi lado en la fiesta. Nos las arreglamos para encontrarnos en persona unas cuantas veces después de eso, y ambos pensamos que nuestro gozo pronto estaría completo".

"Entonces, un día, Parsadan y su reina nos llamaron a mí y a sus otros consejeros a la cámara del consejo. Nos dijeron que habían estado considerando casar a su hija y querían escuchar nuestras opiniones. Yo casi no podía respirar. ¿Cumpliría pronto el deseo de mi corazón? No, no fue así, porque estaban pensando en casarla con el hijo del rey de Khvarazm. ¿Qué podía hacer más que estar de acuerdo? Pronto el asunto se resolvió y el sol se oscureció en mis ojos".

"Al día siguiente, mi amada me llamó. Me acusó de traición, de conspirar para casarla con otra persona. Le dije que la decisión se había tomado sin mí y su ira se enfrió".

Luego dijo: "Si me amas, harás algo por mí".

"Cualquier cosa", dije.

"Matarás a mi futuro esposo".

Acepté hacerlo.

"Cuando llegó la fiesta de bodas, instalaron tiendas y pabellones fuera de la ciudad. Esa noche, entré sigilosamente en la tienda del novio. Lo decapité y puse su cabeza en un palo. Luego hui, acompañado de mis seguidores más fieles. Parsadan pronto se enteró de lo que había hecho y me envió una carta".

"¿Por qué trajiste tanta deshonra a nuestra casa? Si deseaba que nuestra hija fuera su propia esposa, no tenía más que pedirla".

Le respondí diciendo que ya no quería a su hija y que, aunque estaba en el exilio debido a la vergüenza de mi acto, con el tiempo, el trono de la India sería mío, porque ¿quién más tenía Parsadan para sucederlo?

"Me instalé en una fortaleza no muy lejos de la capital, irritándome a diario por noticias de mi amada. No recibí noticias hasta que un día miré por encima del parapeto y vi a dos viajeros que venían por el camino. Reconocí a Asmat, pero estaba en un estado lamentable. Su cabello estaba enmarañado, su ropa estaba rota y tenía sangre en la cara. Corrí a saludarla y escoltarla hasta un lugar seguro. Cuando le pregunté cómo le había ido a nuestra querida Nestan, empezó a llorar. Me dijo que la tía de Nestan temía que Parsadan la culpara por el complot para matar al hijo del rey de Khvarazm. La tía golpeó a Asmat y Nestan y luego convocó a dos demonios que llevaban un cofre. Los demonios agarraron a Nestan, la metieron en el cofre, lo cerraron con llave y luego huyeron, quién sabe dónde. Y nadie ha visto a Nestan desde entonces, excepto por un hombre, y ni siquiera él sabe dónde está.

Asmat y yo fuimos a buscar a Nestan. Buscamos durante un año, pero en ninguna parte la encontramos. Durante un tiempo, residimos con Nureddin Pridon, el rey de un país lejano. Era el hombre que alguna vez pensó que había visto a Nestan. Buscamos y buscamos, pero tampoco la encontramos en la tierra de Pridon. Nuestro dolor nos trajo aquí, y hemos vivido en esta cueva desde entonces. Asmat se queda aquí y atiende el hogar mientras yo deambulo por el mundo, buscando nuestra comida, insensible tanto al hombre como a la bestia, sin poder ver nada porque me han quitado mi sol. Ahora has escuchado toda mi historia y ahora deberías irte. Vuelve con tu Tinatin. Los amantes nunca deben separarse".

Avtandil guardó silencio durante un rato después de que Tariel terminó su historia, y cuando habló, su voz estaba llena de lágrimas.

"Amigo mío, lloro contigo por la pérdida de tu querida Nestan. La carga que soportas es mucho más pesada que la mía. Creo que me habría rendido hace mucho tiempo si hubiera estado en tu lugar. Pero escúchame: tal vez pueda poner fin a tu dolor. Volveré con Tinatin, pero no me quedaré. Le pediré permiso para ir a buscar a tu Nestan, y cuando la haya encontrado, te la traeré y volverás a tener alegría".

"Querido Avtandil", dijo Tariel con lágrimas en los ojos, "bendigo el día en que Dios te envió a nosotros. Asmat dijo que serías un amigo para mí y el amigo más fiel que podría pedir. Ve con mi bendición y que algún día me devuelvas mi sol. Espero que cuando llegue ese día, Nestan, Asmat y yo podamos sentarnos y festejar contigo y Tinatin, y entonces nuestra alegría será completa".

Avtandil vuelve a casa

Al día siguiente, Avtandil se despidió de Tariel y Asmat y regresó a casa. En la corte de Rostevan, fue recibido con música y baile, y se preparó una gran fiesta. En la fiesta, Avtandil se reunió con su amada Tinatin y todos estaban felices.

Cuando todos comieron y bebieron hasta saciarse, Rostevan le pidió a Avtandil que contara su historia. Avtandil se levantó y contó todas las aventuras que vivió mientras buscaba a Tariel, y luego contó la historia de cómo encontró a Tariel. A continuación, contó la historia de Tariel y todos lloraron cuando Avtandil habló del dolor de Tariel. Todos elogiaron a Avtandil por su fuerza y coraje, pero Avtandil, aun pensando en la tristeza de su amigo, no respondió.

Después del banquete, Tinatin convocó a Avtandil a sus aposentos privados. Los amantes se saludaron con gran alegría y luego Tinatin le mostró un asiento a Avtandil.

Tinatin luego preguntó: "Lloro contigo el dolor de Tariel. ¿No hay nada que podamos hacer para aliviar su dolor?".

"Solo una cosa... El regreso de su querida Nestan-Daredjan. Le dije que iría a buscarla en su nombre. Le prometí que lo haría y tengo que cumplir mi palabra".

"Sí, debes cumplir tu palabra. No esperaría menos de ti, aunque mi propio corazón se oscurecerá hasta el día en que regreses".

Avtandil pasó muchos días en la corte de Rostevan. Fue a cazar con el rey y disfrutó de banquete tras banquete. Rostevan estaba profundamente satisfecho de que el caballero que amaba, como su propio hijo, hubiera regresado a él. Avtandil vio esto y se dio cuenta de que era poco probable que Rostevan le concediera permiso para buscar a Nestan, pero sabía que seguiría esa búsqueda, tanto si tenía permiso como si no.

Después de unos días más en la corte, Avtandil fue al visir del rey y le dijo: "Sabio, tengo una misión que debo emprender. Me escuchaste contar la historia de la aflicción de Tariel. Le prometí que regresaría y luego iría a buscar a su amada. Necesito que vayas con el rey Rostevan y pidas su permiso en mi nombre".

"Es de tonto pedir un recado sabiendo que te matarán por ello, y eso es exactamente lo que me hará Rostevan si le digo que quieres irte", dijo el visir.

"Sí, eso podría suceder, pero puede que no. Pregúntale y te recompensaré".

En consecuencia, el visir fue a Rostevan. "¡Oh, el más majestuoso de los reyes! Vengo a usted con una petición del caballero Avtandil. Como sabe, encontró al caballero Tariel y nos contó de su dolor. Avtandil, por lo tanto, ruega a su majestad que pueda marcharse en busca de la hermosa Nestan-Daredjan".

Ante esto, Rostevan se enfureció. "¿Qué? Ese ingrato se va por tres años enteros, y cuando finalmente regresa al único hogar que conoce, ¿quiere irse de nuevo? Por supuesto que no le concederé el permiso, y si no supiera que te ha enviado aquí para preguntar en su nombre, te cortaría la cabeza en el acto. Sal de mi vista".

El visir tembloroso regresó a Avtandil y le dijo cuál había sido la respuesta de Rostevan. Avtandil recompensó generosamente al visir, como había prometido. Avtandil luego se sentó y escribió una carta a Rostevan:

Para el poderoso Rostevan, rey de toda Arabia, de parte de su humilde servidor Avtandil, saludos. El destino y el amor me ordenan hacer lo que me piden, y oro para que pueda perdonar mi desobediencia. Le prometí a mi amigo que lo ayudaría a encontrar a su amada, y mi amor por mi amigo es tal que no puedo soportar abandonarlo. Le suplico humildemente que si esta búsqueda termina con mi muerte, tome todo mi tesoro y distribuya parte de él a los más necesitados, y use el residuo para la construcción de algunas obras nobles, como puentes o casas, para beneficio de todos. También le ruego que favorezca a mi leal servidor Shermadin, por cuya mano recibe esta carta. Es el hombre más sabio que conozco además de usted. Tómelo a su servicio y será bendecido con su buen consejo y su fiel administración de todos sus deberes. Para usted, deseo larga vida, prosperidad y victoria en todas sus batallas, y sigo siendo, como siempre, su humilde servidor.

Avtandil

Avtandil entregó la carta a Shermadin, con instrucciones de entregársela discretamente a Rostevan. Entonces Avtandil y Shermadin se abrazaron, derramando muchas lágrimas, porque sabían que tal vez no se volverían a ver nunca más. Avtandil montó en su caballo y cabalgó silenciosamente fuera de la puerta y se alejó del palacio.

Cuando Rostevan se enteró de que Avtandil se había ido, su dolor fue inconsolable.

"Avtandil era como un hijo para mí. ¿Cómo podré volver a montar a la caza o festejar en un banquete sin él a mi lado?", dijo él.

Ordenó a toda la corte que entrara en duelo, sintiéndose traicionado por el hecho de que Avtandil se hubiera marchado sin despedirse. Shermadin luego consideró que era seguro entregar la carta de Avtandil al rey.

"Su majestad real, encontré esto en la cámara de mi maestro Avtandil esta mañana. Está dirigido a Su Majestad, y espero que sea su despedida".

Rostvan leyó la carta y lloró aún más, pero su corazón herido se alivió un poco, sabiendo que Avtandil había pensado en él incluso cuando se estaba yendo desobedientemente.

"Oremos todos por el valiente Avtandil. Día y noche, suplicaremos al buen Dios de arriba que lo proteja, que lleve su búsqueda a un final exitoso y lo traiga a casa sano y salvo", dijo Rostevan a sus cortesanos.

Avtandil regresa con Tariel y Asmat

Avtandil cabalgó día y noche hacia la cueva donde vivían Tariel y Asmat. Cuando llegó, Asmat salió corriendo a saludarlo, pero Avtandil pudo ver que no todo estaba bien. Asmat estaba pálida y demacrada, y había estado llorando.

"Oh hermana mía, ¿qué ha pasado para que estés tan angustiada?" Avtandil preguntó después de haberse abrazado.

Asmat exhaló con fuerza. "Tariel no está. Salió el día después de que nos dejaste y no ha vuelto desde entonces. Lo he buscado yo misma, pero ¿cuánto puede hacer una mujer cuando no tiene una montura para llevarla?".

"Querida Asmat, no tengas miedo. Lo buscaré yo mismo y lo llevaré a casa sano y salvo. Ponga alfombras y cojines, encienda un fuego y prepare vino en la copa para nuestro regreso. No tardaré. ¡Mantenga su buen corazón!".

Avtandil montó en su caballo y partió en la dirección que Asmat había visto por última vez a Tariel. Cabalgó incansablemente durante todo el día, sus ojos siempre buscando a su amigo. El día casi había terminado cuando vio al caballo de Tariel parado cerca de un lecho de juncos a lo largo de un río. La cabeza del caballo estaba inclinada hacia el suelo, pero el propio Tariel no estaba a la vista. Avtandil bajó de su caballo cerca de Tariel y miró entre los juncos. Allí, encontró a su amigo, sentado cerca de la orilla del río.

"Querido amigo... ¿Qué estás haciendo aquí solo? Nuestra hermana Asmat está de luto por tu ausencia. Vayamos a casa con ella", dijo Avtandil.

Tariel no respondió. Ni siquiera miró hacia arriba. Avtandil se arrodilló a su lado y vio que su amigo estaba mortalmente pálido, con las mejillas hundidas y el pelo enmarañado, y las lágrimas corrían por su rostro.

Avtandil secó suavemente las lágrimas de Tariel con la manga y dijo: "Tariel, soy yo, Avtandil. He regresado como dije que haría. Vayamos a casa con Asmat. Ella nos está esperando".

Tariel habló sin mirar a Avtandil. "Déjame tranquilo. Déjame aquí y déjame morir. La muerte es todo lo que me queda ahora".

"Ven aquí. Todo amante sufre cuando su amada está ausente. Mi propio corazón está desgarrado por haber tenido que separarme una vez más de mi querida Tinatin. ¿Qué hará Nestan-Daredjan si descubre que no tienes ganas de vivir, ni siquiera para ella? Monta tu caballo. Vámonos a casa, donde nos espera nuestra hermana Asmat".

Avtandil ayudó a su amigo a levantarse y montar su caballo, y juntos cabalgaron de regreso a la cueva. Avtandil se alegró de ver que Tariel parecía un poco mejor por estar en su caballo, pero todavía estaba consternado y afligido por lo enfermo que parecía estar Tariel.

Cuando llegaron a la cueva, encontraron a Asmat esperándolos. Bajaron de sus caballos y los tres amigos se abrazaron con alegría.

"Bendigo el día en que Avtandil se convirtió en nuestro amigo, porque sin él, ¿cómo hubieras vuelto a casa conmigo? Entren, descansen. Comeremos juntos y compartiremos nuestras noticias", dijo Asmat.

Los tres entraron en la cueva. Avtandil y Asmat ayudaron a Tariel a sentarse sobre la piel de tigre que Asmat siempre tenía preparada para él. Entonces Asmat preparó una comida y los tres hablaron de lo que les agradaba. Asmat y Avtandil comieron hasta saciarse, pero Tariel apenas dio un bocado.

Cuando terminó la comida, Tariel dijo: "Avtandil, amigo mío, está claro que eres el más leal de los caballeros. Cumpliste tu promesa y regresaste. Pero mi dolor no es tuyo para aliviarlo. Deberías volver a casa con tu amada".

"No lo haré. Eres mi hermano y no me quedaré viendo cómo te marchitas de dolor. Prometí volver y prometí encontrar a tu Nestan. ¿Cómo podría enfrentar a mi amada Tinatin, sabiendo que le di la espalda a esta misión? ¡Ten un buen corazón! ¡Continúa viviendo! Me embarcaré en esta aventura, y si no he regresado dentro de un año, sabrán que estoy muerto y entonces podrán hacer con su vida lo que quieran", dijo Avtandil.

"Muy bien. Haré lo que me pides. Pero no sé qué haré si, al final de ese año, no te tengo a ti ni a Nestan-Daredjan a mi lado".

Por la mañana, Avtandil se despidió de Asmat.

"Vuelve pronto con nosotros. Necesitamos a nuestro hermano aquí a nuestro lado", le dijo Asmat a Avtandil. Luego abrazó a Tariel y le dijo: "No te demores. Esperaremos aquí juntos hasta que regrese Avtandil".

Tariel y Avtandil montaron en sus caballos y se alejaron de la cueva. Tariel fue con Avtandil para mostrarle qué camino tomar para llegar a la tierra de Pridon y porque aún no estaba listo para despedirse de su hermano de armas. Cabalgaron todo el día, y cuando llegó el momento de hacer su campamento, cazaron algunos animales y los asaron al fuego.

Por la mañana, Tariel dijo: "Aquí debemos separarnos. Asmat me espera. Toma ese camino hacia el este, y cuando llegues a la orilla del mar, cabalga por la playa hasta llegar a la tierra de Pridon. Si pregunta por mí, puede decirle lo que sabe".

Entonces los dos amigos se abrazaron y se despidieron con muchas lágrimas. Tariel montó en su caballo y se dirigió a casa, mientras Avtandil montaba y cabalgaba hacia el este, como Tariel le había dicho que hiciera.

Avtandil visita Pridon

Avtandil cabalgó hasta llegar a la orilla del mar. Luego giró y comenzó a cabalgar a lo largo de la costa. Viajó durante setenta días, y el septuagésimo día vio velas en el horizonte. Como el barco se dirigía hacia él, Avtandil decidió esperar y preguntar a los marineros dónde estaba y cuánto más le quedaba por recorrer.

Pronto, la pequeña embarcación estuvo a una distancia más corta, por lo que Avtandil gritó: "¡Ahoy! ¿Pueden decirme qué tierra es esta y quién es su rey?".

"Estás parado en suelo turco, pero estás cerca de la frontera con la tierra de Pridon. Pridon es nuestro rey, el rey de Mulghazanzar", respondieron los marineros.

"Qué suerte la mía, pues cabalgo en busca de su rey. ¿Pueden decirme cómo encontrarlo?".

"Sigue avanzando sobre la línea de la costa. Un viaje de dos o tres días debería llevarte a la ciudad donde reside Pridon".

"¡Muchas gracias, amigos, y que siempre tengan mares tranquilos y viajes prósperos!".

Avtandil siguió cabalgando, siguiendo la costa como le habían dicho los marineros. Después de dos días, se encontró con una fila de hombres que claramente habían sido colocados allí para proteger algo o alguien en el campo justo encima de la playa. Avtandil espoleó a su caballo para que trotara en su dirección, y cuando se acercó, vio que un grupo de cazadores estaba reunido en el campo, disparando con arcos. Un águila enorme voló sobre el grupo. Avtandil sacó su arco y disparó al águila, que cayó a los pies de los cazadores. Los cazadores se dieron la vuelta para ver quién había disparado y vieron a Avtandil allí en su caballo.

"Un buen disparo", dijo uno de los cazadores, pero ninguno de ellos se atrevió a interponerse en el camino de Avtandil. Su nobleza de porte les mostró que debían mostrarle respeto. Algunos de ellos incluso lo siguieron.

En un montículo sobre la playa había un círculo de soldados que rodeaba a un grupo de nobles, y entre ellos estaba el rey Pridon. Pridon vio acercarse a Avtandil, seguido por algunos de sus hombres, y dijo: "Ve a ver quién es y averigua por qué esos hombres han abandonado sus puestos".

El mensajero corrió hacia Avtandil y se inclinó ante él. Tan afectado estaba por la belleza de Avtandil que olvidó lo que el rey le había dicho que dijera.

Avtandil sabía cuál era el negocio del mensajero incluso sin hablar, por lo que dijo: "Estoy aquí para suplicarle una audiencia al rey Pridon. Soy amigo del caballero Tariel, que también es conocido por su señor feudal".

El mensajero volvió corriendo a Pridon y le entregó el mensaje de Avtandil. Cuando Pridon escuchó el nombre de Tariel, olvidó su enojo y fue a saludar a Avtandil.

"Bienvenido. Si eres amigo de Tariel, eres amigo mío. Ven, cabalga conmigo a mi palacio, y en el camino, te ruego que me cuentes sobre Tariel, porque no he sabido nada en muchos años", dijo Pridon.

"Como le plazca a su majestad", dijo Avtandil.

Durante todo el camino de regreso al palacio, Avtandil cabalgó junto a Pridon y le contó su historia: su búsqueda para encontrar a Tariel y cómo él y Tariel se convirtieron en hermanos. Luego le contó a Pridon sobre su búsqueda para encontrar a Nestan-Daredjan. Pridon escuchó con alegría, porque amaba mucho a Tariel y había anhelado escuchar noticias de él. Esa noche, Pridon organizó un gran banquete en honor a Avtandil, y todos los que vieron al caballero quedaron asombrados por su belleza y cortesía. Aunque Avtandil estaba ansioso por reanudar su viaje, permaneció como invitado de Pridon durante algunos días, yendo de caza con su anfitrión y participando en la vida de la corte.

Finalmente, se dirigió a Pridon y le dijo: "La amable hospitalidad de Su Majestad es incomparable, pero creo que debo reanudar mi búsqueda, porque le prometí a Tariel que buscaría a Nestan-Daredjan y regresaría dentro de un año".

"Sí, sabía que pronto te irías, aunque me entristece verte partir. Pero no puedo dejarte ir sin algunos regalos. Enviaré a algunos de mis hombres contigo. Los armaré bien y hasta el último hombre tendrá un caballo para montar. También te daré una mula para que cargues tus provisiones. Viajaré contigo por una milla o dos y te mostraré el camino que debes seguir", dijo Pridon.

Por la mañana, Pridon convocó a cuatro de sus mejores soldados. Le dio a cada uno una nueva armadura, nuevas armas y un feroz caballo de guerra para montar. También le dio una nueva armadura a Avtandil. La mula estaba debidamente cargada con provisiones, y cuando todo estuvo listo, Avtandil y Pridon salieron juntos de la ciudad.

Cuando llegaron a la orilla del mar, se detuvieron.

"Este mismo lugar es donde vi por última vez a Nestan-Daredjan. Dos hombres la llevaban hacia la orilla en un bote pequeño. Para mí estaba claro que era una prisionera. Saqué mi espada y traté de ir a rescatarla, pero cuando los hombres me vieron, hicieron girar su bote y huyeron. Esa fue la última vez que los vi", dijo Pridon.

Entonces Avtandil y Pridon se despidieron, y el rey regresó a su corte con el corazón apesadumbrado, porque había llegado a amar al joven caballero.

Avtandil y Patman

Avtandil y sus compañeros cabalgaron a lo largo de la orilla del mar hasta que se encontraron con unos comerciantes. Navegaron con los comerciantes a la ciudad de Gulansharo, y Avtandil se ganó la amistad y el elogio eternos de los comerciantes tras salvarlos de una banda de piratas. Avtandil también decidió que sería mejor disfrazar su verdadero ser. Si los carceleros de Nestan-Daredjan estaban cerca, no sería bueno hacerles saber que un valiente caballero estaba en camino para rescatarla. Entonces, Avtandil y sus compañeros se vistieron como comerciantes y fingieron ser parte de la banda de comerciantes.

Cuando el barco estuvo amarrado en el muelle y se descargaron las mercancías, Avtandil se sentó entre los comerciantes, haciendo tratos y recibiendo órdenes de los sirvientes que habían sido enviados a comprar mercancías para sus patrones. Poco a poco, un hombre se acercó a Avtandil.

Golpeado por la belleza de Avtandil, el hombre dijo: "¿Quién eres y de dónde eres? Conozco a todos los comerciantes que atracan aquí, pero nunca te había visto antes".

"Soy un simple comerciante, como todos los demás. Pero cuéntame de ti. ¿Para quién trabajas? ¿Qué ciudad es esta? ¿Quién gobierna aquí? ¿Qué hacen habitualmente los comerciantes cuando llegan?" Avtandil respondió.

"Esta es la ciudad de Gulansharo. Melik Surkhavi, el Rey del Mar, es nuestro gobernante. Soy el jardinero de Usen, el principal comerciante de la ciudad. La mayoría de los comerciantes reservan lo mejor de su mercancía para Melik Surkhavi, pero primero tienen que mostrar eso y todo lo demás a Usen, y tienen que darle regalos. De lo contrario, les prohibirá comerciar. ¿Te gustaría conocerlo? Sé que su esposa, Patman Khatun, está en casa y siempre le gusta conocer gente nueva. Además, usted y sus compañeros parecen tener muchos productos costosos. Usen y Patman estarán agradecidos si les das la primera oferta".

Avtandil estuvo de acuerdo en que una visita a Usen y Patman valdría la pena, por lo que el jardinero se apresuró a ir a casa para hacer los arreglos mientras Avtandil les decía a sus compañeros que se prepararan para ir a la casa de sus anfitriones.

Cuando Patman se enteró de que había llegado un comerciante sumamente apuesto con mercancías costosas, envió a diez sirvientes para ayudar a Avtandil y sus compañeros a llevar sus cosas al lugar donde vivía, y mientras esperaba a que llegaran los comerciantes, hizo que prepararan a sus otros sirvientes. levantaron tiendas de campaña para que los comerciantes vivieran y dispusieran el almacenamiento de sus mercancías. Patman esperaba en la puerta a Avtandil y los demás comerciantes. Ella les dio la bienvenida mientras los sirvientes atendían a los animales de carga y se aseguraban de que todos los bienes estuvieran guardados de forma segura.

Por la mañana, Avtandil hizo que los comerciantes enviaran lo mejor de sus bienes al rey, y después de eso, comenzaron a comerciar. Patman observó a Avtandil todo el día y descubrió que lo deseaba. Luchó con su deseo hasta que finalmente, le escribió una carta confesándole su amor. Avtandil recibió la carta y se preguntó qué hacer al respecto.

No siento lo mismo por ella, pero podría serme útil, y podría usar su amor para encontrar a Nestan-Daredjan, pensó.

Por lo tanto, Avtandil respondió diciendo que deseaba a Patman a cambio y sugirió que se reunieran en secreto.

Después de algunos días, Patman invitó a Avtandil a visitarla en su habitación. Avtandil fue y se sentaron juntos en el sofá de Patman. Pronto pasaron de las dulces palabras a los besos, y mientras estaban tan agradablemente comprometidos, un joven caballero irrumpió en la habitación.

"¿Qué es esto?" preguntó el caballero.

"¡Ay, estoy perdido! ¡Estoy perdido, y mi esposo y mis hijos conmigo!" dijo Patman.

"Sí, y por la mañana, mataré a tus hijos y te los daré de comer, bocado a bocado". Y así, el caballero se fue.

Patman yacía llorando amargamente en su sofá mientras Avtandil la miraba confundido.

"¿Quién era ese hombre?", preguntó.

"No te lo puedo decir. Solo empeoraría las cosas. Baste decir que soy mujer y que disfruto de la compañía de los hombres. Pero si realmente te preocupas por mí, matarás a ese hombre antes de que termine la noche y me traerás su anillo como prueba. Yo le regalé ese anillo, así sabré si estás diciendo la verdad", respondió Patman.

"Muy bien, pero necesitaré dónde vive".

Patman dispuso que uno de sus sirvientes le mostrara a Avtandil la casa del caballero. Cuando llegaron, encontraron al caballero dormido en un sofá en una terraza. Avtandil subió silenciosamente a la terraza, donde encontró a dos guardias custodiando. Mató a ambos antes de que cualquiera pudiera dar la alarma. Luego se acercó al joven y lo degolló. Cuando el hombre murió, Avtandil cortó el anillo de su dedo y luego arrojó el cuerpo por la ventana hacia las olas que golpeaban los muros de la ciudad. Avtandil regresó a Patman con el anillo.

"Está muerto. Aquí está su anillo como prueba. Ahora dime: ¿Quién es ese hombre y qué tiene contra ti? ¿Por qué le tienes tanto miedo?" dijo Avtandil.

El cuento de Patman

"Me has salvado y, al hacerlo, has salvado a toda mi familia. Tengo una deuda contigo, así que te lo contaré todo", dijo Patman.

"Esto comenzó una noche cuando miré por la ventana y vi que se acercaba un bote pequeño. El barco estaba tripulado por dos hombres y el cargamento era un gran cofre. Cuando vararon su bote, recogieron el cofre, lo llevaron a la playa y lo abrieron. Del cofre salió la doncella más hermosa que jamás haya visto. Nadie se puede comparar con ella. Pude ver de inmediato que los dos hombres eran bandidos que la habían capturado. Envié algunos sirvientes a la playa para ver si podían comprar la libertad de la mujer. Les dije que si los hombres se negaban a vender, los mataran y me trajeran a la mujer de todos modos.

Mis sirvientes bajaron a la playa mientras yo miraba desde la ventana. Durante un rato, mis sirvientes regatearon con los hombres, pero cuando quedó claro que los hombres nunca venderían, grité: "¡Mátenlos!". Mis sirvientes decapitaron a los hombres y arrojaron sus cabezas y cuerpos al mar, luego llevaron a la joven a mi casa".

"Hice que la joven se sintiera bienvenida. Le pregunté su nombre y de dónde era, y por qué los piratas la habían secuestrado, pero no importaba cómo le preguntaba o con qué frecuencia, se negaba a responder. Le di ropa limpia y la puse en un apartamento de mi casa con un sirviente para atenderla. Vi que no le faltaba nada. Todos los días la visitaba para ver cómo estaba. Todos los días le preguntaba su nombre y su historia, y todos los días no recibía más que silencio y lágrimas en respuesta, aunque podía ver por su ropa que era de estirpe noble".

"Pasaron muchos días. Me pregunté cómo respondería mi esposo si supiera que estoy albergando a esta extraña. Finalmente, decidí que la verdad era mejor que el engaño, así que le conté a Usen sobre la joven. Le hice prometer que nunca se lo diría a nadie, y luego la llevé a la habitación de mujer. Usen estaba asombrado por su belleza. Ambos nos sentamos un rato con la mujer, preguntándole de nuevo quién era, pero ella lo único que hacía era llorar. Lloramos con ella, ¿cómo no llorar con alguien tan hermoso y desamparado? Pero incluso eso no calmaba su dolor".

"Pasó más tiempo. Usen se acercó a mí y me dijo: 'Ya es hora de que visite al rey y le lleve regalos. 'Pensará que soy negligente si no me voy pronto'".

"Le respondí: 'Muy bien, haz lo que debas. Pero no bebas demasiado y, sobre todo, no le cuentes a nadie lo de nuestra invitada'".

"Usen juró que sus labios estaban sellados, pero, por supuesto, tan pronto como llegó al banquete, comenzó a beber, y al poco tiempo ya estaba borracho. El rey elogió a Usen por las joyas y perlas que había traído, y luego Usen dijo: 'Ajá, pero tengo una perla que es más grande que todas estas', y le contó todo sobre la joven alojada en nuestra casa".

"El rey, por supuesto, exigió que lleváramos a nuestra joven invitada a su corte, y ¿cómo podríamos negarnos? Fui a la habitación de nuestra invitada y le conté la triste noticia. 'Por desgracia, es mi destino ser llevada de aquí para allá. Nunca descansaré', dijo. Su dolor volvió a golpear mi corazón. Fui a nuestra sala del tesoro y elegí las mejores joyas y perlas. La ayudé a esconderlos en su ropa. 'Estos pueden serle útiles en algún momento, y no dejaré que un invitado se vaya de mi casa sin un regalo', dije".

"Cubrimos a nuestra invitada con un velo, como corresponde, y la llevamos ante el rey. Ella recibió una excelente bienvenida por parte de su majestad y de toda la corte, y por un tiempo, nadie pudo hablar, solo miraban su belleza. Finalmente, el rey le indicó que se sentara a su lado. Le preguntó su nombre y de dónde era, pero ella permaneció en silencio. Entonces el rey pensó que tal vez su hijo podría ser el que mitigara su dolor. El príncipe heredero es un buen hombre, valiente y fuerte, y cualquier mujer estaría orgullosa de ser su esposa, pero la noticia de que el rey buscaba casarla con su hijo solo reforzó el dolor de la joven. Por lo tanto, ella conspiró con los sirvientes que el rey le había dado. Les dio todas sus joyas y perlas, diciendo: 'Son suyos si me ayudan a escapar'. Los sirvientes no pudieron resistir tal soborno. Vistieron a la mujer como una sirvienta, la sacaron rápidamente del palacio y la llevaron a mi puerta.

'Los sirvientes me ayudaron a escapar del palacio, pero ahora debes ayudarme a escapar de esta ciudad. ¿Tienes un caballo veloz que pueda llevarme lejos?' dijo".

"No pude rechazar su solicitud. Le di nuestro mejor caballo y ella salió de la ciudad sin ser vista. Te contaré lo que le sucedió pronto, pero primero debo explicar quién era ese hombre, de quien tenía tanto miedo. Era un catador de vinos de la corte del rey, guapo y de hermoso cuerpo. Mi marido es feo y escuálido. Cumplí con el deber de esposa para con Usen, pero no lo deseaba, y después de su traición, no puedo soportar siquiera mirarlo. Al catador lo deseaba, y él me deseaba a mí. Durante una fatídica noche de placer, le dije al catador de vinos que había ayudado a escapar a la joven y, con esto, me mantuvo esclavizada, sabiendo que estaría condenada si abría la boca. No imaginas el duro destino del que me has librado al matar a ese hombre".

"Hombres como ese merecen la muerte. Me alegro de que se haya aliviado tu miedo. Ahora, dígame, ¿qué le pasó a la joven después de que se fue de su casa?" dijo Avtandil.

"Me preocupaba a diario por mi joven amiga, preguntándome si había encontrado socorro y seguridad. No supe nada de ella hasta que un día, me senté junto a una ventana que daba a la calle, y al otro lado de la calle había una posada. Tres viajeros llegaron a la posada, compraron comida y bebida, y luego se sentaron afuera para comer y disfrutar de la compañía del otro. Comenzaron a contar sus historias. Escuché, pensando en lo feliz que es escuchar tales cosas, cuando uno de los viajeros dijo: 'Todos ustedes han contado buenas historias, pero apuesto a que pensarán que la mía es la mejor. Solía ser esclavo del rey de los Kadjis. Cuando murió, su hermana Dulardukht tomó el trono porque los niños reales eran demasiado pequeños para gobernar. Llegó un momento en que la hermana de Dulardukht también murió, por lo que ella se fue al funeral. El capataz de los esclavos, un hombre llamado Roshak, dijo: 'Ahora es nuestra oportunidad de escapar y hacer fortuna. ¿Quién vendrá conmigo?'".

"Por supuesto, todos aprovechamos la oportunidad de escapar de la servidumbre y buscar riquezas. Nos convertimos en bandidos, acosando y saqueando caravanas tan a menudo como podíamos. Una noche estábamos cruzando una amplia llanura cuando a lo lejos vimos una luz. Nos preguntamos qué era, y cuando se acercó lo suficiente, vimos que era una mujer y que su belleza causaba el resplandor. La llevamos a Roshak, quien le hizo muchas preguntas, pero ella no dio ninguna respuesta excepto, 'Llévame a Kadjeti.

Tengo un mensaje de la reina'. Decidimos llevarla. Cuando llegamos a la frontera, le rogué a Roshak que se fuera a Gulansharo para hacer negocios. Él asintió, y aquí estoy, y esa es toda mi historia".

"Envié a uno de mis sirvientes para que me trajera al caminante. Le pedí que volviera a contar su historia y, cuando estuve satisfecho de haberlo escuchado todo, le pagué por sus molestias y lo despedí. Luego llamé a dos de mis sirvientes, ambos hechiceros. Los envié a Kadjeti para ver qué noticias podían reunir de ella, que había sido mi invitada. Se enteraron de que Dulardukht planeaba casar a la joven con su sobrino y que la mantenían en una torre en el centro de la ciudad, bajo vigilancia constante. La torre está rodeada por tres muros, uno dentro del otro, y cada muro está custodiado por tres mil soldados. No sé cómo logrará escapar".

"Patman, estoy agradecido por tu historia, pero te ruego que sepas una cosa: pensé que los Kadjis eran de tipo demoníaco, no mortales. ¿Cómo es que los seres humanos pueblan Kadjeti?" dijo Avtandil.

"No son verdaderos Kadjis, pero se llaman así porque son grandes hechiceros y dominan una magia poderosa".

Al escuchar toda la historia de Patman, el corazón de Avtandil se llenó de alegría a punto de estallar. Ahora que sabía dónde estaba Nestan-Daredjan, podía decirle a Tariel que su amada aún vivía y que juntos podrían rescatarla y llevarla a casa con su caballero.

Patman, por su parte, se regocijaba de que su corazón se hubiera liberado de sus secretos, por lo que ella y Avtandil pasaron la noche juntos en el placer, aunque Avtandil no sentía verdadero amor por Patman y pensaba solo en su amada Tinatin.

El rescate de Nestan-Daredjan

Por la mañana, Patman preparó una comida para los dos mientras Avtandil se cambiaba de ropa.

Es hora de que le revele mi verdadero yo a mi anfitriona, pensó, y entonces dejó a un lado su atuendo de comerciante y se vistió con su atuendo de caballero.

Cuando Patman lo vio, se quedó sin aliento. "Ese aspecto te queda mejor que el otro".

Avtandil se sentó a su lado y le dijo suavemente: "Patman, no te he dicho la verdad sobre quién soy. No soy comerciante. Soy vasallo del rey Rostevan. Yo mando a muchos hombres y poseo muchas tierras. Han sido grandes amigos conmigo y no imaginan lo agradecido que estoy. Pero también debes saber que Rostevan tiene una hija que es el sol en mi cielo. Es por ella que estoy aquí, y mi búsqueda es encontrar a esa joven a la que ayudaste y que es tan querida para ti".

Entonces Avtandil le contó toda la historia de Tariel a Patman, y cuando terminó, dijo: "Y ahora sabes la verdad. Ayúdame a encontrar a Nestan-Daredjan y llevarla a un lugar seguro, de regreso al hombre que ama y que la ama más que a la vida misma. Envía a uno de tus hechiceros a Nestan. Hágale saber lo que pretendemos para así traerle un poco de consuelo".

"Todo lo que esté en mi poder, lo haré por ella y por ti", dijo Patman.

Luego le escribió una carta a Nestan, explicándole quién era Avtandil y qué pretendía hacer, y se la dio a uno de sus hechiceros. "Llévale esto a la doncella de la torre de Kadjeti. Hazlo en secreto. Si desea enviar una respuesta, espere a que la escriba y luego devuélvamela de inmediato".

El hechicero se apresuró a ir a Kadjeti y le entregó el mensaje de Patman. Nestan se mostró cauteloso al principio, pero cuando el hechicero le contó toda su historia, Nestan comprendió que era un amigo. Ella le escribió una carta a Patman en respuesta, y el hechicero la entregó fielmente. Patman se llenó de alegría cuando recibió la carta y la leyó en voz alta para que Avtandil pudiera escuchar:

Querido Patman, recibir una carta de alguien que es como una madre para mí es la mayor alegría que he tenido en mucho tiempo. Aunque la reina de los Kadjis y sus principales hechiceros todavía están ausentes, ¡la torre donde estoy encarcelada es horrorosa! Diles a los más valientes de los valientes que no deben intentarlo, porque yo moriría si los mataran. Solo puedo vivir sabiendo que mi sol todavía brilla, aunque no para mí. Adjunto aquí una carta a mi Tariel. Envía con él este trozo del velo que me dio para que sepa que verdaderamente fui yo quien lo escribió. Adiós.

Cuando Avtandil escuchó las palabras de Nestan-Daredjan, su corazón se encendió. "Patman, no debo demorarme. Tengo que llevarle esto a Tariel y traerlo de vuelta antes de que regrese la reina de Kadjeti, porque nuestra tarea será aún más difícil si tenemos que enfrentarnos a hechiceros además de soldados.

"Lo sé y entiendo, aunque el corazón de mi amante se estremece de miedo por tu seguridad. Ve ahora y rescata a mi amado y a tu Tariel", dijo Patman.

Avtandil primero escribió una carta a Pridon, diciendo que habían encontrado a Nestan-Daredjan y que iba a buscar a Tariel antes de intentar un rescate. También pidió ayuda a Pridon, sabiendo que Pridon era un guerrero poderoso y tenía muchos soldados excelentes a su mando. Les entregó la carta a los criados que Pridon le había prestado y los envió de regreso a casa con instrucciones de que se la entregaran inmediatamente a Pridon.

Entonces llegó el momento de despedirse de Patman y su familia. Se derramaron muchas lágrimas, porque Avtandil se había convertido en el amigo de todos. Avtandil bajó a la orilla del mar y encontró un barco que lo llevaría desde Gulansharo a su propio país por la ruta más rápida. Cuando desembarcó, cabalgó lo más rápido que pudo hasta la cueva de Tariel.

Primero, buscaré junto al río. A Tariel le gusta ir allí cuando está triste. Probablemente esté allí en lugar de en casa, pensó Avtandil.

Avtandil tenía razón, encontró a su amigo de pie entre los juncos cerca del río, con una espada ensangrentada en la mano, y junto a él, el cadáver de un león que había matado. Avtandil saltó de su caballo y le gritó a su amigo. Tariel gritó de alegría y los dos hermanos corrieron a abrazarse. Se abrazaron, encantados de verse.

"Tariel, tengo las mejores noticias", dijo Avtandil.

"La mejor noticia es que estás aquí conmigo. Por favor, no me engañes el pelo con falsas esperanzas".

"Estas esperanzas no son falsas. ¡Mira! ¡Te traigo una carta escrita de la mano de tu amada Nestan-Daredjan!".

Tariel tomó la carta y el trozo de velo con manos temblorosas. Los apretó contra sus labios, pero cuando inhaló el aroma del perfume de su amada, cayó al suelo.

"¿Qué he hecho?" gritó Avtandil.

Intentó ayudar a su amigo, pero no pudo encontrar ni un latido ni una bocanada de aire. Avtandil gritó el nombre de su amigo, le tomó la mano, pero todo fue en vano. Fue al río a buscar agua, pero luego pensó en una cura mejor. Tomó un poco de sangre de león y se la roció a su amigo. Tariel respiró hondo de nuevo y su palidez se desvaneció. Abrió los ojos y encontró la fuerza para sentarse. Abrió la carta de Nestan y la leyó, mientras las lágrimas corrían por sus mejillas todo el tiempo.

Cuando terminó de leer, se secó los ojos y dijo: "Ahora no es el momento de llorar. Es el momento de la alegría, la risa y los actos de caballería. Ven, volvamos a casa. Le daremos a Asmat las buenas noticias y nos armaremos para la batalla que se avecina. Avtandil, ¿cómo podré pagarte? El servicio que me ha prestado vale más que mi vida. He llorado durante tanto tiempo, pero tú me has secado las lágrimas y un nuevo fuego se ha vuelto a encender en mi pecho".

Los dos amigos montaron en sus caballos y regresaron a la cueva, riendo y cantando todo el tiempo. Asmat escuchó sus voces y corrió a saludar a sus amados hermanos. Las lágrimas corrían por sus mejillas, pero eran lágrimas de alegría, no de tristeza.

Tariel saltó de su caballo y corrió hacia Asmat. "¡Asmat, querido Asmat! ¡Nuestras vidas se renuevan! ¡Nuestro hermano ha encontrado a quien buscábamos!".

"¿Es verdad? ¿Encontraron a Nestan-Daredjan?" preguntó Asmat.

Avtandil se bajó de su caballo y abrazó a Asmat. "¡Es verdad, querida hermana! La hemos encontrado". Mostró la carta de Asmat Nestan.

"¡Oh, esto no puede ser! Esto es increíble" dijo Asmat.

"Es real".

Tariel luego le dijo a Asmat cómo habían encontrado a Nestan. Tariel terminó su relato y luego los tres amigos se abrazaron una vez más.

"Ven. Vamos a ver el tesoro que guarda esta cueva. Cuando se lo arrebaté a los malvados devs que vivían aquí, no me importó revisarlo, pero tal vez haya cosas aquí que puedan ser útiles en nuestra misión", dijo Tariel.

Asmat y Avtandil siguieron a Tariel hasta una cámara en las profundidades de la cueva. En esa cámara se amontonaban riquezas inconmensurables: montones de oro y plata tan altos como un hombre, cofres llenos de gemas talladas y perlas, sedas bordadas con incrustaciones de joyas, espadas y lanzas, y tres armaduras, dignas de un rey, que ninguna cuchilla podría perforar. Tariel y Avtandil se pusieron las armaduras, dejando a un lado la tercera para llevársela a Pridon como regalo. Cada uno tomó un poco de oro y perlas, y luego sellaron la cámara del tesoro herméticamente.

Por la mañana, los tres amigos iniciaron su viaje. Usaron parte de su oro para comprar un caballo para Asmat, y juntos cabalgaron hasta el país de Pridon, con Avtandil como guía. Cuando se acercaron a la frontera de la tierra de Pridon, vieron una manada de caballos con su guardián en un prado.

"Juguemos una broma a Pridon. Hagamos como que somos ladrones, y cuando salga furioso para ver quién se está escapando con sus caballos, se llevará una sorpresa". Dijo Tariel.

Avtandil y Tariel se pusieron la armadura y espolearon a sus caballos para que entraran en la manada de Pridon. Ataron y se llevaron a todos los corceles.

Los pastores corrieron tras ellos en vano, gritando: "¡Qué vergüenza! Esto no es un acto de caballero, eso es comportamiento de ladrón".

Uno de los pastores encendió una gran hoguera. Cuando Pridon vio la señal de fuego, se armó y cabalgó hacia el prado a toda velocidad. Ahora, Avtandil y Tariel se habían bajado las viseras de sus cascos. Pridon no supo quiénes eran.

Con la espada desenvainada, el rey se acercó a los dos caballeros y dijo: "¿Qué creen que están haciendo con mis caballos?".

"Haciéndole una broma a un viejo y muy querido amigo" respondió Tariel mientras se levantaba la visera y le mostraba a Pridon una sonrisa radiante.

Entonces Avtandil hizo lo mismo.

"Dios los bendiga a los dos por ser bribones. Y bienvenidos, muy bienvenidos, queridos amigos. ¿Por qué demoraron tanto? Esperaba su regreso hace unos días. Ven, vayamos a mi palacio y podrán contarme toda la historia. Cualquier ayuda que pueda ofrecer es suya con solo pedirla", dijo Pridon.

Pridon preparó una comida para él y sus invitados. Escuchó mientras Avtandil le contaba sus aventuras y su plan para rescatar a Nestan. Luego, Tariel le entregó a Pridon la armadura que habían traído de la cueva y las numerosas joyas y perlas.

Pridon estaba abrumado. "Queridos amigos, ¿qué he hecho para merecer tanta generosidad? Quédense y sean mis invitados. Todo lo que tengo es suyo".

Pridon mandó llevar a sus invitados a elegantes aposentos, les prepararan baños calientes y les prepararan ropa limpia. Cuando Tariel y Avtandil se refrescaron, se reunieron con Pridon una vez más para comer y pedir consejo sobre lo que se debía hacer para liberar a Nestan.

"Tomen mi consejo, no viajen con una gran multitud. No, trescientos de los mejores hombres serán más efectivos. Necesitamos velocidad si queremos llegar a Kadjeti antes de que la reina y sus hechiceros regresen", dijo Pridon.

Tariel y Avtandil estuvieron de acuerdo en que este era el mejor camino a seguir. Pridon puso en marcha los preparativos, y por la mañana, Pridon, Tariel y Avtandil estaban armados y listos para cabalgar con trescientos de los mejores soldados de Pridon, cada uno de ellos era un héroe. Los tres caballeros se despidieron de Asmat y cabalgaron hasta la orilla del mar, donde tomaron un barco hacia Gulansharo.

Cuando desembarcaron, Pridon dijo: "Deberíamos viajar de noche y descansar de día. Necesitamos tanto sigilo como velocidad".

Después de dos noches de viaje, llegaron a la ciudad de Kadji. Sus muros eran enormes, custodiados por miles de soldados, y en el centro se alzaba la roca sobre la que se había construido la torre de Nestan. Tariel, Avtandil y Pridon se reunieron en consejo sobre la mejor forma de asaltar la ciudad y rescatar a Nestan. Todos tenían un plan audaz en mente, pero al final, eligieron el plan de Tariel. Cada hombre llevaba consigo cien soldados y cada uno se acercaba a la ciudad desde un lado diferente. No importaba que los superaran en número, cada hombre luchó con la ferocidad de un centenar de hombres, y ninguno luchó con más fiereza que Tariel.

Avtandil y Pridon se abrieron paso hasta el pie de la torre. Guardias muertos y moribundos yacían por todas partes, sus armaduras destruidas, su sangre derramándose sobre las piedras.

"¿Dónde está Tariel?" preguntó Avtandil.

Pridon señaló la puerta destrozada de la torre como respuesta. "Ya está adentro. Solo Tariel podría haber abierto la puerta así".

Los dos compañeros entraron y subieron las escaleras, alerta a los enemigos, pero no encontraron ninguno. Cuando llegaron a lo alto de las escaleras, allí encontraron a Tariel y Nestan-Daredjan, entrelazados en un largo abrazo. Tariel se dio cuenta de que no estaban solos. Miró a sus dos compañeros y sonrió.

"¡Miren, amigos míos! ¡El sol ha vuelto a mi vida!" Tariel presentó a sus amigos a Nestan-Daredjan.

Todos se abrazaron y derramaron lágrimas de alegría.

Terminada la batalla, Pridon dio un entierro adecuado a aquellos hombres que habían caído en la batalla. De los trescientos que abandonaron la tierra de Pridon, solo ciento sesenta sobrevivieron. Luego, los caballeros y soldados atravesaron la ciudad y mataron a todos los enemigos. Reunieron todo el tesoro que pudieron encontrar y, al final, necesitaron tres mil mulas y camellos para llevarlo todo. Dejando a sesenta hombres para proteger la ciudad saqueada, colocaron a Nestan-Daredjan en un palanquín y cabalgaron hacia Gulansharo, donde tenían la intención de mostrar su gratitud al rey y Patman, cuya ayuda fue fundamental para encontrar a Nestan.

La boda de Tariel y Nestan-Daredjan

Tariel llamó a un mensajero y le dijo: "Busca al rey del mar, que gobierna en Gulansharo. Invítalo a conocernos y ser nuestro invitado. Dile que hemos saqueado Kadjeti. Esa ciudad ahora es suya para gobernar, y el tesoro que guarda es suyo. Pídale también que traiga a Patman con él. Hemos rescatado a la que ama y debemos calmar sus miedos".

Cuando el rey del mar se enteró de las hazañas de esos valientes caballeros, aceptó con gusto encontrarse con Tariel y sus compañeros y acordó que Patman lo acompañara. Partió en tren con Patman, su corte y sus sirvientes, y con mulas cargadas con muchos obsequios preciosos para dar a sus anfitriones. El rey fue recibido con mucha alegría por Pridon, Tariel y Avtandil, y Patman y Nestan-Daredjan se abrazaron y lloraron de alegría.

"Nunca pensé que volvería a verte. Que Dios bendiga a los que te trajeron de vuelta a mí", dijo Patman.

"Y que Dios te bendiga a ti, que eres como una madre para mí. La última vez que me viste estaba destrozada, pero ¡heme aquí! Ahora estoy completa, porque el sol ha vuelto a mi vida", dijo Nestan.

Los sirvientes del rey del mar instalaron muchos pabellones brillantes, y los tres amigos intercambiaron costosos obsequios.

El rey del mar les dijo a Tariel y Nestan: "No hay mayor alegría que ver a dos amantes unidos. Es mi deseo que celebre su boda aquí conmigo, y no habría mayor honor para mí que tú dando consentimiento".

Entonces, Tariel y Nestan-Daredjan finalmente se casaron, y el banquete, la música y el baile continuaron sin escalas durante muchos días y noches.

Finalmente, llegó el momento de que los valientes compañeros se fueran. Nuevamente, dieron regalos al rey del mar, y él les obsequió muchas cosas excelentes. Para Pridon y Avtandil estaban los mejores caballos del rey, con riendas y caparazones, y Tariel y Nestan recibieron coronas con joyas y pasadores hechos con la mejor seda. El rey también les dio un barco para viajar a casa, y Tariel se inclinó humildemente ante el rey en agradecimiento.

Pronto llegó el momento de las despedidas.

Tariel le dijo a Patman: "No sé cómo agradecerle a quien es como una madre para mi amada Nestan. Lo mejor que puedo hacer es darte estas joyas, perlas y sedas, que espero que recibas como recompensa".

"Oh caballero, mi gratitud hacia ti tampoco conoce límites. Estoy contento de haberte conocido y mi corazón se regocija por ti y por mi querida Nestan, pero me entristecerá verte partir", dijo Patman.

Tariel le dijo al rey del mar: "Ahora debemos partir hacia nuestras tierras. Siempre serás como un padre para nosotros".

Todos los amigos se abrazaron y derramaron lágrimas. Luego, los tres valientes compañeros y la encantadora Nestan-Daredjan tomaron el barco y navegaron hacia la tierra de Pridon. Enviaron un mensajero por delante para decirle a Asmat lo que había sucedido y dejar saber a los hombres de Pridon que su rey regresaba a casa ileso. Los compañeros cabalgaron con gran alegría hasta el castillo de Pridon, riendo y cantando todo el camino, con Nestan-Daredjan en un hermoso palanquín para que pudiera viajar sin cansarse.

El camino al castillo de Pridon estaba lleno de gente vitoreando. Asmat llegó corriendo, y tan pronto como Nestan la vio, saltó de su palanquín y fue a abrazar a su amada hermana.

"Nunca pensé en volver a verte con vida. Que Dios bendiga por siempre a los que te trajeron de regreso a mí", dijo Asmat.

"He oído cómo atendiste a mi querido Tariel en el momento de dolor. ¿Cómo podré pagarte?" dijo Nestan.

"Es un pago enorme poder ver a mi hermano y hermana en su felicidad".

Tariel y Avtandil también lloraron con aquellos que habían perdido parientes en batalla.

"Sus vidas fueron entregadas por mi vida, y eso no lo olvidaré. Que Dios los mire con gracia y los lleve a descansar con él en su reino para siempre", dijo Tariel.

Pridon hizo que se celebrara otra fiesta de bodas para Tariel y Nestan-Daredjan, y todo el palacio se regocijó durante ocho días completos.

Al final de las festividades, Tariel le dijo a Pridon: "Te pido un favor. Ve a Avtandil y pregúntale qué podría hacer por él, ya que él ha hecho tanto por mí".

Pridon fue a Avtandil y le dio el mensaje de Tariel.

"Tariel no puede hacer nada por mí. Tengo la riqueza suficiente para cualquier hombre, un señor feudal al que estoy feliz de servir, y cuando mi amada lo considere oportuno, me casaré con ella. Solo deseo la prosperidad y la felicidad de Tariel y verlo sentarse en el trono de la India", respondió Avtandil.

Pridon informó a Tariel de la respuesta de Avtandil.

"Entiendo. Es orgulloso y generoso, pero no me dejaré frustrar. Dile que quiero visitar a Rostevan, pedir perdón por haber matado a sus hombres y pedir la mano de Tinatin para Avtandil", dijo Tariel.

Pridon fue de nuevo a Avtandil y le entregó el mensaje de Tariel. El corazón de Avtandil se desgarró por la oferta de Tariel.

Se acercó a Tariel y se arrodilló ante él. "Tariel, mi querido amigo y hermano, no vayas de Rostevan. Le he causado suficiente dolor y no seré responsable de más dolor. Tampoco aumentaré la aflicción de mi amada, ya que seguramente ella me culpa por la infelicidad de Rostevan. Si les recuerdas ese fatídico día, seguramente su dolor aumentará".

"No tema. Voy con Rostevan como un rey a otro para presentar mis respetos. Eso al menos es cortesía, y diré lo que necesito decir en los términos más diplomáticos. Pediré la mano de su hija para alguien que quiero como a un hermano. Esa es una petición que un rey puede hacer a otro rey".

"En eso, concordaré", dijo Avtandil.

La boda de Avtandil y Tinatin

Los tres valientes compañeros abandonaron el reino de Pridon y se dirigieron a la cueva de Tariel, llevando a Nestan-Daredjan y Asmat en un hermoso palanquín, acompañados por muchos de los soldados de Pridon. En el camino, cazaron un rato, y cuando llegaron a la cueva, los soldados hicieron su propio campamento cerca y cocinaron sus comidas, mientras que dentro de la cueva, Asmat asó la carne para ella y sus amigos. Los cinco amigos tuvieron una feliz comida juntos, y el lugar que alguna vez fue el hogar de un profundo dolor ahora estaba lleno de alegría y risas. Cuando terminaron de comer, exploraron el resto de la cueva, y allí encontraron aún más tesoros de los que habían creído posible recolectar en un solo lugar. Tariel y Nestan-Daredjan se encargaron de que todos los soldados y generales de Pridon fueran recompensados generosamente, y aun así, quedaba una gran cantidad de riqueza.

"Mi señor Pridon, tengo una gran deuda con usted por su ayuda para encontrar a mi querida Nestan. Por lo tanto, me gustaría darle todo el resto de este tesoro, para que haga lo que le parezca mejor", dijo Tariel.

"No sé cómo agradecerte esto. Todo lo que puedo decir es que este tesoro no sustituirá su presencia en mi corte. Valoro su amistad y valor por sobre todo el oro y las joyas que el mundo pueda ofrecer", dijo Pridon.

Pridon envió a algunos de sus hombres a buscar camellos para llevar las riquezas de la cueva y, por la mañana, los cinco compañeros cabalgaron hacia el reino de Rostevan con los soldados que se habían quedado atrás. Mientras cabalgaban por las aldeas de Arabia, notaron que toda la gente estaba de luto.

"¿Quién ha muerto?" Pridon preguntó.

"Ellos lloran por mí. Creen que estoy muerto porque no saben que he regresado", respondió Avtandil.

Cuando los amigos y su séquito acamparon, Tariel escribió una carta al rey Rostevan y llamó a un mensajero para que la llevara al palacio. Tariel escribió:

> *Para Rostevan, rey de toda Arabia, de Tariel, rey de la India, saludos. Mi amable rey Rostevan, le escribo como un rey a otro, por dos razones. En un fatídico día, hace muchos años, envió hombres armados para capturarme y yo los maté. Estuvo mal de mi parte, aunque igualmente mal de su parte agredirme así. Pero por mi culpa, usted sufrió la*

pérdida de servidores que adoraba, y por eso le pido perdón. Esa es una parte de mi mensaje para usted. La otra es para traerle buenas nuevas, porque conmigo viaja un caballero que no conoce a ningún igual y por quien sé que tiene un gran cariño. Avtandil está aquí, llega por fin al lugar que es su hogar y que tanto aprecia.

Cuando Rostevan leyó la carta de Tariel, gritó de alegría. "¡Avtandil está en casa! ¡Ya no estamos de luto, porque Avtandil ha regresado!".

Rostevan ordenó a sus soldados que ensillaran sus monturas y lo acompañaran a saludar a Avtandil y llevarlo a él y a sus amigos al palacio con gran esplendor y regocijo. Ordenó a los bateristas y músicos que vinieran y tocaran música alegre todo el camino de ida y vuelta. Todos los soldados corrieron para cumplir las órdenes de su rey, porque Avtandil era casi tan querido para ellos como lo era para Rostevan.

Tinatin, por su parte, lloró de alegría porque su querido Avtandil había regresado.

Avtandil miró el camino que bajaba hacia el palacio. Vio la gran nube de polvo levantada por Rostevan y su tren y escuchó el débil sonido de la música y los tambores.

Avtandil se dirigió a Tariel y le dijo: "No puedo encontrarme con Rostevan hoy. Estoy demasiado avergonzado de mi desobediencia. Deja que tú y Pridon vayan a saludarlo primero y vean cuál podría ser su estado de ánimo, y luego envíenme noticias".

"Sí, es sensato. No temas. Allanaremos el camino", dijo Tariel.

Tariel y Pridon salieron a saludar a Rostevan, mientras que Avtandil y Nestan-Daredjan se quedaron atrás. Pronto los reyes se encontraron en el camino. Ver la belleza de Tariel conmovió tanto a Rostevan que se bajó de su caballo y se inclinó ante el joven. Tariel también bajó de su caballo e hizo una reverencia a Rostevan. Los dos reyes se abrazaron.

"Mi señor, ¿se sentará con nosotros en este prado para conversar?" preguntó Tariel.

Tariel y Rostevan se sentaron en la hierba, y luego Tariel dijo: "Mi señor Rostevan, sé que Avtandil es más querido para usted que un hijo, pero debo decirle que para mí el mundo no tiene a nadie más querido que ese valiente caballero, salvo mi querida Nestan-Daredjan. Cuando estaba al borde de la muerte, él me salvó, y gracias a su valor mi amada regresó a mí. Avtandil me ha hablado de su amor por Tinatin. Por lo tanto, le pido de rodillas que les conceda sus bendiciones y les permita casarse".

Luego Tariel se arrodilló ante Rostevan e hizo una profunda reverencia en súplica.

Rostevan estaba preocupado por la forma en que Tariel se humilló.

Rostevan también se arrodilló y se inclinó ante Tariel, diciendo: "Oh valiente, no necesitas humillarte por esta petición. No pude encontrar mejor yerno que Avtandil, y mi hija lo ha elegido ella misma. Tinatin es la gobernante sabia de este reino, y su juicio nunca flaquea".

Al escuchar la respuesta de Rostevan, Pridon galopó de regreso al campamento.

"Monta tu caballo. Ven a ver a Rostevan. Él concederá todos tus deseos", le dijo a Avtandil.

Avtandil montó y cabalgó hasta el prado con Pridon, con el corazón lleno de presentimientos. Encontró a Rostevan y Tariel parados juntos, sonriendo. Avtandil bajó de su caballo, luego se arrojó al suelo y abrazó los pies de Rostevan.

"Oh mi misericordioso rey, perdona mi desobediencia. Hice lo que hice solo por amor y no por ningún deseo de causare tristeza".

Rostevan ayudó a Avtandil a levantarse y lo abrazó. "Valiente caballero, más querido para mí que cualquier hijo, no estoy enojado ni entristecido por tus hechos. Me regocijo en ellos y quisiera verte regocijarte también, porque hoy te doy mi bendición para que te cases con nuestra querida Tinatin, que te espera en el palacio".

"No tengo palabras para agradecerle. Pero antes de que vayamos a su palacio, ¿podemos hacer un acto de cortesía? Nestan-Daredjan nos espera en nuestro campamento, y deseo que la conozca y que nos acompañe a nuestro regreso".

Rostevan aceptó gustosamente, y cuando Nestan-Daredjan se levantó para saludarlo, quedó prendado de su belleza y la saludó como debería saludar un rey. Nestan montó en su palanquín y los caballeros en sus caballos, y todos cabalgaron de regreso a la corte de Rostevan con gran regocijo.

Allí encontraron a Tinatin esperando, con su corona real y su cetro. Tariel y Nestan-Daredjan se inclinaron ante Tinatin, rindieron homenaje y luego llevaron a Tinatin a su trono. Tomaron a Avtandil de la mano y lo llevaron al estrado para que se sentara a su lado.

Tinatin estaba abrumada, estaba pálida y temblorosa.

Avtandil estaba sin palabras y no pudo hacer nada más que mirarla.

Rostevan dijo: "Hijos míos, es un gran placer para mi corazón verlos casarse y gobernar sabiamente y juntos cuando yo ya no exista". Luego se volvió hacia sus soldados y vasallos. "Aquí están sus señores feudales. Tinatin y Avtandil ahora gobiernan este reino, y a ellos, les deben toda su lealtad".

Tariel le dijo a Tinatin: "Cómo me alegra el corazón verte unida a quien es como un hermano para mí. A partir de este día serás mi hermana y te prometo que siempre te ayudaré cuando la necesites".

Rostevan ordenó que se celebrara un gran banquete de bodas para Tinatin y Avtandil. Cada soldado recibió un obsequio, y Rostevan ordenó que se abriera su tesoro y se entregaran obsequios a todas las personas según sus necesidades. A Pridon, Rostevan le dio nueve corceles de fuego con monturas y riendas, y a Tariel y Nestan, una gran cantidad de gemas y perlas.

El banquete y la bebida continuaron sin escalas durante muchos días. El regocijo de que Tinatin y Avtandil estuviera unidos era infinito.

Demasiado pronto, las celebraciones llegaron a su fin.

Tariel fue a Rostevan y le dijo: "Has sido el anfitrión más ejemplar y me duele tener que dejar su corte. Pero mi país ha sido invadido por enemigos, y debo cabalgar para salvar mi reino".

"Lloro al verte partir, pero mis ejércitos son tuyos para que los comandes. Toma a mis hombres y recupera lo que es tuyo, y tú y Nestan-Daredjan serán siempre bienvenidos como mis invitados cuando quieran venir", dijo Rostevan.

Pridon y Avtandil también se comprometieron a luchar por Tariel, y pronto cabalgaron a la cabeza del ejército de Rostevan, cuyo número aumentó gracias a los hombres que había traído Pridon.

La despedida de Tinatin con Nestan-Daredjan fue amarga. Se abrazaron y lloraron, prometiendo que serían hermanas para siempre.

Tariel, Pridon y Avtandil se despidieron de Rostevan, los valientes abrazaron al anciano rey con mucho afecto. Tariel y Pridon se comprometieron a aliarse con Rostevan, y Avtandil prometió que regresaría tan pronto como Tariel fuera restaurado a su trono.

El ejército se abrió camino desde Arabia hasta la India y, en el camino, se encontraron con un grupo de comerciantes indios cuyas cabezas estaban rapadas y vestían ropas negras y andrajosas.

Tariel les preguntó: "¿De dónde son y por qué están vestidos así?".

"Somos comerciantes de la India. Nos vestimos de luto porque nuestro señor, Parsadan, ha muerto. Lo peor es que la hija de Parsadan, cuya belleza rivaliza con la del sol, desapareció hace muchos años y, junto con ella, el caballero de mayor confianza de

Parsadan. Al ver nuestro reino en tal desorden, los khatavianos atacaron".

Al escuchar esto, Nestan-Daredjan gritó de dolor. Lloraron y se rasgaron el pelo al enterarse de la muerte de Parsadan.

"¡Ay de mí!" gritó Nestan.

"¡Ay, mi padre ha muerto! ¡El que me crió como hijo ya no existe! ¡Ya no hay luz en mi vida!" Tariel gritó.

"La reina aún vive, mi señor y mi señora", dijeron los comerciantes, que ahora reconocieron a Tariel y Nestan, "y nuestro ejército todavía lucha, pero están cansados, superados en número y asediados. Vemos que tienes muchos hombres. ¡Cabalga en ayuda de nuestro país! ¡Derroca al rey Ramaz y a sus hombres! ¡Salva a nuestra amada reina!".

Tariel y sus compañeros se apresuraron al campo de batalla. Vieron el poder del ejército de Khatavian, pero no se desanimaron. Tariel envió a algunos hombres para capturar a los centinelas de Khatavian, con órdenes de que regresaran con vida. Pronto fueron llevados ante Tariel, donde se arrojaron a sus pies y suplicaron clemencia.

"No los mataré. En cambio, los enviaré de regreso a su rey con un mensaje. Dile a Ramaz que Tariel está aquí, con los ejércitos de Arabia y con el rey Pridon y sus hombres. Dígale que con gusto lo encontraremos en el campo de batalla, pero que debe prepararse para la derrota. Tariel es el legítimo rey de la India y no perdonará a nadie en la matanza que se avecina. Pero si Ramaz está dispuesto a rendirse, se le dará seguridad y tendremos misericordia hacia él y sus hombres", dijo Tariel.

Tariel envió a los centinelas de regreso a Ramaz y luego dispuso a su ejército para la batalla. Los estandartes de la India, Arabia y Mulghazanzar ondearon brillantemente con el viento. Ver esas tres banderas juntas hizo que la sangre de Ramaz se volviera agua en sus venas.

Se acercó a Tariel y se inclinó ante él. "Me rindo. El orgullo me llevó a invadir cuando vi que la India estaba desprotegida. Merezco morir por mi presunción, yo y todos mis visires. Pero perdona a mis soldados. Están aquí porque se les ordenó y son inocentes".

"Acepto tu rendición. Puedes irte y tus soldados no sufrirán ningún daño. No vuelvas a alzar una espada contra nosotros, porque la próxima vez, no perdonaremos a ninguno de ustedes", dijo Tariel.

Tariel cabalgó hasta la fortaleza donde estaba sitiado el ejército indio. Al principio, nadie lo reconoció, pero luego gritó: "¡Soy yo, Tariel, y traigo a Nestan-Daredjan! Hemos regresado".

Cuando la gente se dio cuenta de quién estaba fuera de la puerta, lanzaron una gran aclamación y enviaron un grupo de soldados a saludar a Tariel y su novia. Tariel y Nestan se reunieron con la reina, y sus lágrimas de alegría por su reunión se mezclaron con lágrimas de dolor por el fallecimiento de Parsadan. Avtandil y Pridon transmitieron sus condolencias a la reina, quien recibió a esos dos caballeros con toda la cortesía que merecían.

"Basta de lágrimas. Tariel y Nestan-Daredjan han regresado con nosotros. Hagamos una fiesta para celebrar su unión, y que sean colocados en el trono de la India", dijo la reina.

Tariel y Nestan estaban sentados en tronos dorados, y a su lado estaban Avtandil y Pridon.

Tariel llamó a Asmat y dijo: "Si no fuera por ti, habría perecido. Cualquier recompensa que pidas será tuya, y cualquier hombre con el que desees casarte será tu marido".

"No deseo nada más que seguir sirviéndote a ti y a Nestan-Daredjan", dijo Asmat, y Tariel y Nestan recibieron su servicio con mucha gratitud.

Después de muchos días de banquetes y celebraciones, Avtandil fue a Tariel y le dijo: "Mi corazón se entristece por separarse de ti, pero mi propia Tinatin me está esperando en casa, y no quiero que sufra. Tengo que irme".

Pridon dijo: "Yo también debo regresar a mi tierra. ¡Ay de que no pueda quedarme! Pero te visitaré tan a menudo como pueda, y te ruego a ti y a Nestan-Daredjan que sean mis invitados en mi propia corte".

Tariel le dio a Avtandil y Pridon muchos regalos, y Nestan le dio regalos a Avtandil para que se los diera a Tinatin. Todos los amigos se abrazaron y lloraron mientras se despedían.

Pridon y sus hombres cabalgaron con Avtandil y el ejército árabe durante un tiempo, pero luego sus caminos se separaron y cada uno se fue a su propia casa.

Así fue como Tariel se reunió con Nestan-Daredjan y Avtandil se casó con Tinatin. Estos reyes y reinas gobernaron sabiamente y se visitaron unos a otros y a su buen amigo el rey Pridon siempre que fue posible. Sus reinos prosperaron bajo su cuidado hasta el final de sus vidas.

Vea más libros escritos por Matt Clayton

Bibliografía

Arnot, Robert y FB Collins, trad. *Literatura armenia.* Nueva York: The Colonial Press, 1901.

Carpenter, Frances. *Wonder Tales of Horses and Heroes.* Garden City: Doubleday & Company, Inc., 1952.

Colarusso, John, trad. *Nart Sagas from the Caucasus: Myths and Legends from the Circassians, Abazas, Abkhaz, and Ubykhs.* Princeton: Princeton University Press, 2002.

Hedeghalh'e, Asker. *Los narts: épocas circasianas.* Vol. 1 Maikop: The Circassian Research and Science Institute, 1968). Extractos traducidos por Amjad Jaimoukha, en la página web *More Nart Tales.* <https://web.archive.org/web/20170113170919/http://www.reocities.com/Eureka/Enterprises/2493/nartsaga3.htm>. Consultado el 21 de enero de 2021.

Rustaveli, Shota. *The Knight in the Panther's Skin.* Traducido por Lyn Coffin. Tbilisi: POEZIA Press, 2015.

Rust'haveli, Shot'ha. *El hombre en la piel de tigre: una epopeya romántica.* Traducido por Marjory Scott Wardrop. Londres: Royal Asiatic Society, 1912.

Seklemian, A. G. *The Golden Maiden and Other Folk Tales and Fairy Stories Told in Armenia.*

Cleveland: The Helman-Taylor Company, 1898.

Shalian, Artin K., trad. *David of Sassoun: The Armenian Epic in Four Cycles.* Athens, OH: Ohio University Press, 1964.

Sideman, Belle Becker. *The World's Best Fairy Tales.* Pleasantville: Asociación de Reader's Digest, 1967.

Tolegian, Aram. "David of Sassoun: The Armenian Folk Epic". Tesis de doctorado, Universidad del Sur de California, 1960.

Toumanian, Hovhaness. David de Sasún Traducido por Thomas Samuelian. Arak29. Consultado el 25 de enero de 2021. https://arak29.org/david-of-sassoon/

Tvirdíková, Michaela. *Cuentos y leyendas* populares. Traducido por Vira Gissing. Londres: Cathay Books, 1981.

www.ingramcontent.com/pod-product-compliance
Lightning Source LLC
Chambersburg PA
CBHW062056280426
43673CB00073B/201